CAHIERS DE PREAUT

Psychanalyse et neurosciences face à la clinique de l'autisme et du bébé

Recherches et débats

Cahier N° 2

Collection « Psychanalyse, médecine et société »
Dirigée par Abram COEN

La psychanalyse, familière du désir sous-jacent aux mouvements qui traversent le sujet dans la cité (médicalisation de la procréation, de la vie et de la mort, bouleversements éthiques, et générationnels) questionne les nouveaux confins entre corps, psychisme et société. Elle interpelle également le désir de l'analyste quand, quittant son fauteuil, il est aux prises avec le réel économique et social, autant de mutations qui affectent tout particulièrement le noyau de notre civilisation : le cadre familial. Ces interrogations d'actualité seront reprises dans notre collection qui tentera de les mettre en débat.

Éditions PENTA

"Il n'y a de psychanalyse que dans son questionnement de l'Autre-Scène. Les éditions PENTA se proposent d'interroger cette psychanalyse dite - à tort - "appliquée" (à tort car "il n'y a de psychanalyse appliquée que sur le divan", disait Lacan), en investissant ces cadres extérieurs qui lui insufflent (avec la clinique du cabinet) ses plus brillantes avancées : l'art, la littérature, la philosophie et les phénomènes de société. Loin de l'auto-engendrement stérilisant, la psychanalyse à venir se doit de se référer à ces autres discours qui expriment les "malaises" ("Unbehangen" disait Freud) qui bouleversent les assises identitaires de l'homme moderne et de ses cultures".

CAHIERS DE PREAUT

Psychanalyse et neurosciences face à la clinique de l'autisme et du bébé

Recherches et débats

Cahier No 2

Sous la direction de Graciela C. CRESPIN

Avec la participation de :

H. BENTATA, A. COEN, G.C. CRESPIN, B. GOLSE, G. HAAG, M.-C. LAZNIK, A. MUNNICH, J.-P. MUYARD, J.-L. SARRADET, S. TORDJMAN

Observations cliniques de :

Valérie ANDRE, puéricultrice
Graciela C.CRESPIN, psychanalyste
Marie-José DURIEUX, psychiatre
Marie-Frédérique GUITTON, éducatrice spécialisée
Lydie MILLER, psychanalyste
Françoise VERROUST, pédiatre

L'Harmattan
5-7,rue de l'École-
Polytechnique
75005 Paris
FRANCE

L'Harmattan Hongrie
Kossuth L. u. 14-16
1053 Budapest
HONGRIE

L'Harmattan Italia
Via Degli Artisti, 15
10124 Torino
ITALIE

ISBN : 2-7475-8587-5
EAN : 9782747585873

« CAHIERS DE PREAUT »

- Dr P. Ridoux, Orléans
- Dr J.N. Trouvé, Marseille

Etranger :

- Stella Acquarone, Londres, Angleterre
- Claudia Mascarenhas, Sao Paulo, Brésil
- Iris Sanchez, Quito, Equateur
- Nora Scheimberg, Buenos Aires, Argentine

Éditorial

Jean-Louis SARRADET,
Président de PREAUT

La recherche PREAUT entre dans une phase cruciale : la phase de faisabilité a pris fin en novembre 2004, et la phase opérationnelle débutera en 2005.

La phase de faisabilité nous a appris ce que nous espérions et escomptions :

Dans les trois départements pilotes -les Hauts de Seine, l'Aude et le Gard-, nous avons testé 1500 enfants à 4 mois et 1150 à 9 mois :[1] un seul cas positif selon nos signes aura été testé au 4ème mois. Ceci nous permet de tirer 3 conclusions :

- Selon les normes actuelles : pour 1000 enfants, 1 à 6 présentent des troubles envahissants du développement→ nous en avons trouvé 1 ;
- Nous avons eu, entre le 4ème mois et le 9ème mois, 23 % de perdus de vue (c'est un taux qui devrait nous permettre d'atteindre l'échantillon requis);
- La formation des médecins et pédiatres chercheurs, ainsi que l'application du protocole n'ont pas produit d'effets iatrogènes.

Pour le déroulement de la recherche, nous avons affiné la formulation de notre premier signe en insistant sur la compétence du bébé : « ***cherche-t-il à se faire regarder par sa mère*** ? »

Nous avons associé notre recherche avec celle du Pr. Bursztejn et son équipe du CHU de Strasbourg : ainsi, nous proposerons à 12 mois aux enfants de notre échantillon un questionnaire plus orienté vers l'exploration cognitive, le Questionnaire sur le Développement de la Communication (QDC)

Toujours en collaboration avec l'équipe de Strasbourg, et compte tenu des publications et des études critiques depuis sa création, nous proposons une version révisée du CHAT aux enfants de notre échantillon à 24 mois. Cette étape vaudra validation du CHAT en France.

C'est avec ces outils perfectionnés et révisés que nous démarrerons la recherche début 2005 sur au moins douze départements pour tester 25000 enfants pendant 5 ans.

---

[1] Les résultats du CHAT à 18 mois ne sont pas encore disponibles.

Par ailleurs notre recherche s'étaye :

D'un séminaire mensuel à Paris sous la direction de Graciela C. Crespin, à l'Association Lacanienne Internationale, qui réunit des équipes pédiatriques et des psychanalystes. A partir de 2005, d'autres séminaires du même type vont ouvrir hors de Paris, à Marseille, Dijon, Carcassonne, Pointe-à-Pitre... en accompagnement des équipes au travail.

Les observations qui auront été débattues dans le cadre de ces différents séminaires seront publiées dans « Les cahiers de PREAUT », dont la première livraison est parue début 2004. « Les Cahiers de PREAUT » ont l'ambition d'articuler la clinique du bébé à la clinique de l'autisme, et ainsi publient des observations cliniques et des articles de fond sur les questions soulevées par l'autisme.

Un autre séminaire mensuel à l'Association Lacanienne Internationale, dirigé par M.C. Laznik, plus généraliste sur l'autisme, a débouché sur un colloque qui s'est tenu les 16 et 17 octobre 2004 à la Pitié-Salpétrière, à Paris. Il a réuni des psychanalystes et des chercheurs de l'autisme en génétique, neuro-pédiatrie, neuro-physiologie, imagerie cérébrale, cognitivisme, comportementalisme, qui peuvent commencer à dialoguer, mieux qu'il y a quelques années. Ce deuxième Cahier de PREAUT reprend l'essentiel des débats.

Les hypothèses actuelles sur l'autisme n'admettent plus une causalité univoque, qu'elle soit psychogène ou génétique. On suppose plutôt des causalités multiples. Les prises en charge se diversifient et celles qui semblent connaître les meilleurs résultats semblent associer psychothérapies d'inspiration analytique et rééducations cognitives et comportementales.

Le déroulement de la recherche PREAUT devrait apporter des éléments de réponse à ces interrogations.

Recherches et débats

Autismes : actualité des différentes recherches

Abram COEN
Psychiatre, psychanalyste,
Enghien les Bains (95)

C'est sous ce titre prometteur que se sont déroulées les 16 et 17 octobre 2004, à Paris, à l'amphithéâtre Charcot de la Salpétrière, les Journées de l'Association Lacanienne Internationale. Elles y ont réuni scientifiques, chercheurs et cliniciens pour des échanges libres et ouverts, confrontant leurs démarches et les perspectives actuelles dans l'approche de l'énigme de l'autisme, que le titre même de ces Journées nous incitait à penser en termes pluriels.

Se sont succédés à la tribune des présentations sur :

- la recherche génétique, par le Pr. A. Munnich, dont nous donnons ci-après un bref aperçu ;
- les résultats récents des recherches avec l'IRM fonctionnelle, présentés par le Pr. B. Golse, dont nous reproduisons ci-après les propos ;
- les résultats des recherches biologiques, que nous devons à la présentation de Mme le Dr S. Tordjman, dont nous reproduisons également les propos ;
- et enfin, Graciela C.Crespin nous a parlé de l'état d'avancement de la recherche PREAUT.

Qu'ils soient tous ici chaleureusement remerciés.

Syndromes autistiques : Jusqu'où aller dans la recherche d'une cause organique ?

Dr. Arnold MUNNICH,
Département de Génétique et Unité INSERM 393
Hôpital Necker-Enfants Malades, Paris

Le professeur Munnich constate qu'actuellement les enfants atteints de troubles autistiques, suivis en particulier dans les institutions, ne bénéficient pas d'examens complémentaires rigoureux qui permettent d'appréhender au mieux la problématique de la co-morbidité.

Il a beaucoup insisté sur la nécessité d'un examen clinique accompagné d'une exploration approfondie en particulier sur les plans neurologiques et génétiques répétés, même en absence de traitement spécifique, car parfois l'annonce d'un diagnostic précis pourra avoir un effet de soulagement pour les familles, en particulier celui des diagnostics génétiques pour la fratrie des patients. Cette démarche devrait rester pluridisciplinaire sans exclure ni disqualifier aucun professionnel ni aucun parent ; elle devrait se fonder sur l'estime mutuelle et le respect de la mission de chacun.

D'où l'importance d'une recherche systématique des associations des syndromes autistiques avec :

- des anomalies chromosomiques
- des maladies métaboliques
- des syndromes autistiques familiaux.

Anomalies chromosomiques

Une association du syndrome autistique avec une anomalie chromosomique devrait être recherchée à chaque fois que l'on observe :

- une récurrence suggestive, et /ou
- un tableau clinique évocateur (dysmorphie par comparaison à la famille, dysmorphie déjà rencontrée ; histoire naturelle évocatrice ; association à un retard mental sévère + dysmorphie ; malformations, anomalies de croissance, épilepsie)

Car probablement, les causes chromosomiques des syndromes autistiques sont actuellement sous diagnostiquées. Le professeur Munnich a préconisé un caryotype standard systématique ; si celui s'avère négatif, et qu'il y a des arguments pour une anomalie chromosomique, des examens plus approfondis devraient être pratiqués (caryotype haute résolution, télomères, CGH-array) sans jamais négliger sa clinique.

Maladies métaboliques

L'association des syndromes autistiques et des maladies métaboliques est actuellement également sous-diagnostiquée. Ses formes principales (déficit en créatine ; déficit de synthèse de la sérine ; métabolisme de l'acide gamma-amino butirique ; déficit en succinique semialdéhyde deshydrogénase) ont des manifestations cliniques peu spécifiques : les dosages sont fluctuants entraînant une nécessité d'un *screening* élargi.

Aussi convient-il de procéder à un *screening* métabolique élargi chez tout syndrome autistique dysmorphique ou non, car certains troubles associés peuvent connaître une amélioration notable après traitement spécifique. Ainsi, par exemple dans le déficit en créatine, on peut observer une évolution neurologique notable avec amélioration du développement intellectuel, disparition du syndrome extra pyramidal, et régression de l'épilepsie.

Syndromes autistiques familiaux

Dans les cas de récidive familiale de retards mentaux, il est préconisé de procéder à un *mapping* des familles consanguines multiplex pour localiser des gènes de maladies autosomiques récessives rares.

Pour résumer, le professeur Munnich préconise, devant un syndrome autistique accompagné ou non de dysmorphie, de rechercher :

- un caryotype standard, un caryotype haute résolution, télomères, CGH-array ;
- un bilan métabolique complet
- une recherche systématique de l'X fragile
- et enfin, les *mapping* des familles où il se présente de manière récidivante.

En tout état de cause, aider au diagnostic positif et différentiel permet de mieux appréhender l'hétérogénéité et la nécessité d'un démembrement du syndrome autistique, où plusieurs arguments militent en faveur d'une prédisposition génétique même si aucun gène majeur n'a été identifié. Cependant, il y a certaines régions du génome souvent associées au syndrome autistique (chromosomes 2q, 7q, 15q) tout comme les chromosomes sexuels. D'où l'intérêt d'un diagnostic rigoureux pour mieux prendre en compte la prédisposition et la variabilité génétique interindividuelle au syndrome autistique.

Quoi qu'il en soit, une meilleure rencontre entre cliniciens est sans doute indispensable pour mieux appréhender ce syndrome complexe, dont 60 ans après la description princeps par Léo Kanner les causes demeurent inconnues.

Les études génétiques confirment qu'il s'agit d'une maladie multifactorielle où le phénotype dépend du génotype, des facteurs épigénétiques et du hasard, d'où la nécessité d'une rigueur éthique dans l'abord du sujet autiste.

Autisme de Kanner ou autisme de Scanner… IRM et autisme. A propos des recherches INSERM-CEA d'Orsay[2]

Bernard GOLSE
Pédopsychiatre-Psychanalyste
Chef du service de pédopsychiatrie de l'Hôpital Necker-Enfants Malades (Paris)
Professeur de Psychiatrie de l'enfant et del'adolescent à l'Université René Descartes (Paris V)

Introduction

Serge Lebovici disait : « La psychanalyse n'a aucune raison d'avoir peur des avancées actuelles formidables des neurosciences. Elle les attend même avec impatience dans la mesure où ces nouvelles données ne pourront que nous servir de nouvelles portes d'entrée dans notre modèle - nécessairement poly factoriel - de toute situation psychopathologique »

NEM est l'une des 5 unités d'évaluation du CRAIF nouvellement créé et, à ce titre la consultation « Autisme » de mon service (Dr L. Robel) et l'unité de jour travaillent en étroite collaboration avec le service de neuro-imagerie du site (Pr. Francis Brunelle).

Ainsi, certains des enfants ainsi évalués dans mon service font partie de la cohorte d'enfants étudiés en IRM par Monica Zilbovicius, Nathalie Boddaert et coll.

Je suis donc en étroite collaboration avec ces deux médecins qui ont été invités à venir aujourd'hui présenter leurs travaux dans le cadre de ce colloque, mais qui n'ont malheureusement pas pu se libérer.

Ceci dit, n'étant pas neuro-imageur, je ne suis pas, à proprement parler, leur porte-parole aujourd'hui, mais je voudrais tenter de montrer dans quel raisonnement d'ensemble s'intègrent leurs résultats qui ont défrayé la chronique cet été et qui, sans conteste, ont été mal interprétés et exploités de manière excessivement simpliste par les médias et certains parents d'enfants autistes.

---

[2] Communication faite dans le cadre des Journées de PREAUT (prévention autisme) avec l'ALI (Association lacanienne Internationale) organisées sur le thème : Autismes – Actualité des différente recherches, Amphithéâtre Charcot, Hôpital de la Salpêtrière, Paris, le 17 octobre 2004.

Ces résultats de neuro-imagerie fonctionnelle que M. Zilbovicius et N. Boddaert m'ont chargé de vous présenter aujourd'hui prennent en effet leur place dans une approche conjointe, neuro-biologique et psychopathologique, de la pathologie autistique, approche conjointe qui me semble très spécifique du site NEM où émerge, à l'heure actuelle - ce dont je me réjouis - un véritable pôle transdisciplinaire autour des troubles du développement neurologique et psychique.

Ce pôle regroupe notamment les services de neuropédiatrie (Pr. O. Dulac), de génétique humaine (Pr. A. Munnich), de pédiatrie métabolique (Dr P. de Lonlay), de neuro-imagerie (Pr. F. Brunelle) et le service de pédopsychiatrie enfin que j'ai le plaisir d'animer depuis 2002, après avoir longtemps travaillé à Saint-Vincent de Paul.

Ce que je voudrais faire sentir aujourd'hui, c'est donc la manière dont ces résultats dans le domaine de la neuro-imagerie s'intègrent dans notre réflexion sur la psychodynamique des états autistiques, c'est-à-dire faire sentir l'état de la réflexion qui existe actuellement à Necker quant à l'articulation entre neurosciences et psychanalyse en matière d'autisme infantile.

Après avoir présenté les travaux d'IRMf de M. Zilbovicius, N. Boddaert et coll., je dirai donc un mot de notre conception du rôle de la comodalité perceptive du bébé dans le processus d'accès à l'intersubjectivité, avant de conclure, de manière résolument optimiste, sur les avancées formidables de la période actuelle.

Je suis personnellement persuadé que le fait de ne pas croire à la psychanalyse de l'enfant et de ne pas tenir compte des acquis des neurosciences est proprement suicidaire pour la psychanalyse en général, ce que j'essaye, dans la mesure de mes moyens, de faire entendre au sein de l'APF.

A l'heure actuelle, il m'apparaît toutefois que la psychanalyse lacanienne est davantage prête à entendre ce discours, et c'est pourquoi d'une part je suis là ce matin, et c'est pourquoi d'autre part je remercie infiniment Marie-Christine Laznik des efforts intenses qu'elle déploie sans relâche dans cette perspective.

Deux études IRM 2004 ou l'autisme de Scanner

L'IRM fonctionnelle (Rappel)

Ce n'est pas le lieu de rentrer dans des détails techniques.

Disons seulement qu'il s'agit d'une technique non invasive, dérivée de la tomodensitométrie (scanner) et fondée sur la technique de la résonance nucléaire magnétique.

Cette technique permet, non seulement de donner une image anatomique de l'organe étudié (comme dans l'IRM dite anatomique), mais aussi de renseigner sur les modifications de volume lié à l'activité de l'organe étudié, modifications de volume essentiellement liées aux variations de débit sanguin qui sont dues à l'état d'activité ou de non-activité des zones impliquées.

Au niveau cérébral, l'IRM fonctionnelle peut ainsi permettre d'approcher les modifications des zones motrices cérébrales en cas d'activité motrice ou les modifications des différentes zones sensorielles cérébrales lors de la réception de tel ou tel flux sensoriel (auditif, visuel)

Il faut savoir cependant que dans l'état actuel des choses, l'IRM cérébrale fonctionnelle ne peut se faire en situation libre puisque la tête du sujet doit être placée dans l'appareil d'IRM, ce qui impose de nombreuses contraintes (être couché, relativement immobile et la tête incluse dans l'appareillage ce qui, bien évidemment, soulève encore de grandes difficultés avec les enfants autistes plus ou moins agités : nécessité de prémédication, voire parfois d'anesthésie générale).

Abnormal cortical voice processing in autism, H. Gervais, P. Belin, N. Boddaert, M. Leboyer, A. Coez, I. Sfaello, C. Barthélémy, F. Brunelle, Y. Samson et M. Zilbovicius *Nature Neuroscience, 2004, 7, 8, 801-802*

- De récentes études d'IRMf ont montré que le Sillon Temporal Supérieur (STS) représente, chez les adultes normaux, la zone spécifique dévolue au traitement des signaux vocaux, et l'aire fusiforme (FFA) celle dévolue à la reconnaissance des visages : la reconnaissance de la voix humaine et la reconnaissance des visages constituant deux axes forts des interactions sociales
- Comparaison de 5 adultes autistes de sexe masculin (25,8 plus ou moins 5,9 ans) avec 8 adultes masculins témoins appariés pour l'âge (27,1 plus ou moins 2,9 ans)
- Diagnostic d'autisme selon les critères de l'ADI et du DSM IV
- Appareillage : 1,5 Tesla Magnetic Resonance Scanner
- Ecoute passive de deux types d'échantillons sonores (séparés par des intervalles de silence de 10 secondes afin d'éviter tout artefact par contamination) :

21 blocs de sons vocaux (33% de sons vocaux langagiers, 67% de sons vocaux non langagiers)

21 blocs de sons non-vocaux émanant de diverses sources environnementales

- Retour au débit basal (volume de la zone STS) entre chaque stimulation sonore
- Chez les témoins : Activation plus importante du STS par les sons vocaux que par les sons non-vocaux (P<0,001) tandis que les sons non-vocaux n'activent aucune autre région de manière spécifique par rapport aux sons vocaux
- Chez les sujets autistes :
- Aucune activation du STS chez 4 sujets sur 5 par les sons vocaux, et une activation unilatérale du STS chez 1 sujet
- Activation corticale identique pour les signaux vocaux et non-vocaux par rapport au niveau de base (silence)
- Traitement cortical normal des sons non-vocaux

« Future studies will need to investigate whether this lack of salience of vocal stimuli causes, or is a consequence of, the abnormal pattern of cortical activation »

M. Zilbovicius a peut-être moins renoncé à sa quête étiologique que N. Boddaert qui demeure extrêmement prudente quant à l'interprétation de ces résultats.

Superior temporal sulcus anatomical abnormalities in childhood autism : a voxel-based morphometry MRI study, N. Boddaert, N. Chabane, H. Hervais, C.D. Good, M. Bourgeois, M.-H. Plumet, C. Barthélémy, M.-C. Mouren, E. Artiges, Y. Samson, F. Brunelle, R.S.J. Frackowiak and M. Zilbovicius)

Neuroimage, 2004, 23, 364-369

- VBM : Whole-brain Voxel-based Morphometry (analyse mathématique voxel par voxel et cumul possible des IRM)
- IRM statique et non pas fonctionnelle
- Technique en 3D à haute résolution
- Comparaison de 21 enfants autistes primaires (9,3 +/- 2,2 ans) avec 12 enfants témoins (10,8 +/- 2,7 ans)

- Diminution significative, chez les enfants autistes, de la concentration de substance grise au niveau du STS (P<0,05)
- Diminution significative, chez les enfants autistes, de la substance blanche au niveau du pôle temporal droit et du cervelet (P<0,05)
- Résultats compatibles avec l'hypothèse d'une hypoperfusion de ces différentes zones chez les enfants autistes

D'où deux questions encore irrésolues :

- Peut-on être autiste sans présenter ces anomalies du STS à l'IRM ?
- La sortie de l'autisme s'accompagne-t-elle d'une normalisation progressive de la VBM ou passe-t-elle par des processus de compensation liés à la question de la plasticité cérébrale ?

« The multimodal Superior Temporal Sulcus areas are involved in highest level of cortical integration of both sensory and limbic information »

Intersubjectivité, démantèlement (inter-sensoriel) et segmentation (intra-sensorielle)

L'idée est de montrer maintenant que ces résultats de neuro-imagerie ne nous gênent en rien, en tant que pédopsychiatres et psychanalystes d'enfants

Notre point de départ : l'autisme comme échec de l'accès à l'intersubjectivité

Que l'on se réfère à une intersubjectivité primaire donnée d'emblée (C.Trevarthen) ou à une intersubjectivité seulement secondairement acquise à partir d'une indifférenciation initiale postulée par la plupart des modèles psychanalytiques classiques ou qu'on se réfère encore à une dynamique progressive permettant à l'intersubjectivité de se stabiliser progressivement à partir de noyaux d'intersubjectivité primaire, dans tous les cas le processus d'accès à l'intersubjectivité peut être compris comme le mouvement de différenciation qui va permettre à l'enfant, un jour, d'éprouver, de ressentir et d'intégrer profondément que soi et l'autre, cela fait deux.

Dans cette perspective, l'autisme infantile apparaît toujours comme un échec massif de ce processus d'accès à l'intersubjectivité.

Le Programme International pour le Langage de l'Enfant (Projet PILE)

Lors du transfert de notre équipe de l'hôpital Saint-Vincent de Paul à l'hôpital Necker-Enfants Malades, et de la restructuration du service de pédopsychiatrie au sein de ce dernier établissement, un programme de recherche a, en effet, été mis en place sur les précurseurs corporels et comportementaux de l'accès de l'enfant au langage verbal.

Ce programme de recherche collaboratif impliquant notamment des psychanalystes et des mathématiciens, est intitulé PILE (Programme International de recherche sur le Langage de l'Enfant) et il n'aurait pas pu être pensé, lancé et organisé sans le concours de Valérie Desjardins, psychologue et psychothérapeute, qui en représente la véritable cheville ouvrière[3].

Il s'agit d'une recherche multiaxiale qui vise notamment à analyser les productions vocales, le regard et les mouvements du bébé quand il se trouve confronté à la parole de l'adulte, en situation dyadique ou triadique.

Une cellule vidéo de haute technologie a aujourd'hui été installée grâce à la collaboration d'Alain Casanova (avec lequel nous travaillons déjà depuis de nombreuses années au sein de la collection multimédia « A l'aube de la vie » dont nous avions été l'un des co-fondateurs aux côtés de Serge Lebovici), et plusieurs équipes ont d'ores et déjà été mises en place dans cette perspective, à savoir une équipe pour l'analyse du son (vocalises du bébé), une équipe pour l'analyse des mouvements (*tracking* des mains), et une cellule de réflexion pour la difficile question de l'analyse des regards (*tracking* des yeux), en lien avec l'Institut Charles Cros de l'Université de Marne-la-Vallée (Pr. D. Arques) et avec les statisticiens du CERMICS de l'Ecole des Ponts-et-Chaussées.

Parmi les différentes hypothèses qui sous-tendent notre recherche et qui donnent lieu à la collecte de résultats préliminaires très stimulants, je voudrais, ici, faire un certain nombre de remarques sur les

[3] D'importants sponsoring nous ont été accordés, et nous voulons témoigner, ici, de la générosité particulière des différents partenaires suivants : la filiale française d'EASC (European Aeronautic Space Company), la Société Française du Radiotéléphone (SFR) et la Fondation BETTENCOURT-SCHUELLER enfin.

processus d'attention, de *mantèlement/démantèlement,* et de segmentation.

Les lignes qui suivent renvoient fondamentalement au fait qu'il ne peut pas y avoir de perception statique, ce que les neurophysiologiques nous ont appris, depuis longtemps, en insistant sur les processus d'habituation propres aux différents récepteurs de la sensorialité : il faut que l'objet à percevoir soit en mouvement pour être perçu, que le mouvement en question soit le fait de l'objet lui-même ou que ce soit le processus de perception qui donne du mouvement à un objet statique.

Le concept d'attention

Très en vogue à l'heure actuelle au travers du concept de troubles des processus d'attention dans le cadre de l'hyperactivité (Attention Deficit and Hyperactivity Disorders), ce terme est probablement devenu fort polysémique en fonction des cliniciens ou des chercheurs qui y recourent, parmi lesquels, bien entendu, les cognitivistes et les psychanalystes (depuis S. Freud jusqu'à W.R. Bion).

S. Freud, dès 1911, insistait sur le caractère actif de la fonction perceptive, les organes des sens ne recevant pas passivement les informations de l'extérieur, mais allant au contraire au devant d'eux, à l'extrémité des « organes des sens »

Dans ce travail tout à fait pionnier et précurseur, S. Freud soulignait que l'appareil psychique ne peut travailler que sur de petites quantités d'énergie et que, pour ce faire, il a besoin d'aller prélever, *de manière cyclique,* dans l'environnement de petites quantités d'information (nous dirions aujourd'hui, à la manière du radar, ce qui souligne nettement l'aspect rythmique des processus en jeu)

A la lumière des connaissances actuelles, il est tout à fait pensable que la substance réticulée du tronc cérébral puisse participer à ce filtrage périodique des perceptions, j'y reviendrai.

En tout cas, toutes les données neurophysiologiques modernes vont, aujourd'hui, dans le sens de cette intuition freudienne d'une dimension fondamentalement active des perceptions, comme en témoigne, par exemple, les travaux sur les oto-émissions provoquées qui montrent bien que le stimulus auditif traité par le cerveau n'est en rien le son externe directement, mais bien le signal sonore homothétique au signal sonore externe et reconstruit, comme en miniature, par la cochlée.

Quoi qu'il en soit, sur le fônd de ces processus d'attention, c'est l'équilibre entre le couple *mantèlement/démantèlement* et les processus de segmentation qui va permettre l'instauration de la co-modalité perceptive propre au bébé et, partant, qui vont lui ouvrir la voie de l'intersubjectivité.

Le concept de démantèlement, décrit par D. Meltzer à partir de son activité de thérapeute auprès d'enfants autistes et de la reconstruction de leur monde initial qu'il a pu en déduire, désigne un mécanisme qui permet, en effet, à l'enfant de cliver le mode de ses sensations selon l'axe des différentes sensorialités, afin d'échapper au vécu submergeant d'un stimulus sollicitant sinon, d'emblée et de manière permanente, ses cinq sens simultanément (ceci étant vraisemblable pour les enfants autistes, mais plausible également pour les bébés normaux dont le fonctionnement passe, on le sait maintenant, par un certain nombre de mécanismes autistiques transitoires)

Il s'agit donc d'un processus de type inter-sensoriel dont l'inverse, le *mantèlement*, permet, au contraire, à l'enfant de commencer à percevoir qu'il existe une source commune de ses différentes sensations qui lui est extérieure (cf. la tétée comme « situation d'attraction consensuelle maximum » selon D. Meltzer, et comme accès à une perception unidimensionnelle de l'environnement)

Mais c'est, bien évidemment, la mise en jeu du couple mantèlement/démantèlement qui s'avère ici essentielle.

La segmentation permet de ressentir chaque stimulus sensoriel comme un phénomène dynamique et non pas statique, seul ce qui est en mouvement, je viens de le rappeler, pouvant être perçu.

Il s'agit donc d'un phénomène intra-sensoriel, et non pas inter sensoriel comme l'est le couple mantèlement/démantèlement.

Mais, nous pouvons supposer ici deux types de segmentation : une segmentation centrale, et une segmentation périphérique.

- La segmentation centrale serait celle décrite par S. Freud, et qui a été évoquée ci-dessus à propos de l'attention, en prenant l'image du radar.
- La segmentation périphérique serait pour une part une compétence propre au bébé par le biais de ses différents « sphincters » sensoriels, et pour une part le fruit d'une co-construction interactive entre l'adulte et le bébé.

Le bébé est, en effet, capable de segmenter lui-même ses différents flux sensoriels au niveau de la périphérie de son corps.

L'exemple le plus clair est, sans doute, celui du clignement palpébral qui permet une segmentation, aussi rapide soit-elle, de son flux visuel, et l'on sait que certains témoignages d'adultes anciens autistes ont insisté sur la difficulté qui leur était apparue, au moment de l'émergence de leur coquille autistique, pour, en quelque sorte, apprendre à cligner des yeux, chose si naturelle pour les individus sains mais si peu naturelle pour eux.

On peut utilement se demander si le *cognement* des yeux ou le bouchage des oreilles chez certains enfants autistes ou chez certains enfants gravement carencés (dépression anaclitique et hospitalisme de R. Spitz) ne revêtent pas également cette fonction de segmentation périphérique quant à la vision et à l'ouïe.

En ce qui concerne les autres modalités sensorielles dépourvues de « sphincter » sensoriel, à savoir le goût, l'odorat et le tact, les choses demeurent plus délicates à conceptualiser, mais les stéréotypies de tapotage, de léchage ou de flairage, rangées par D. Meltzer dans le cadre des processus de démantèlement, peuvent peut-être être conceptualisées dans cette perspective.

Mais par ailleurs, la segmentation périphérique des différents flux sensoriels peut aussi être le fait de la dynamique des interactions précoces.

Je ne citerai ici que le très intéressant et récent travail de E. Friemel et N. Tranh-Huong qui montre bien l'impact de la qualité des interactions précoces sur les modalités de l'exploration par le bébé de son monde environnant.

Quand les interactions sont harmonieuses, il existe une sorte de maturation repérable de ces modalités d'exploration : le premier mois de la vie serait consacré à la fixation du regard du bébé sur des cibles dites, par ces auteurs, « indéterminées » mais qu'on pourrait en fait définir comme rapidement changeantes (soit que le bébé ne fixe pas son regard, soit que le portage de la mère l'incite à changer sans cesse de lieu de focalisation visuelle), le deuxième mois de la vie permettrait la fixation visuelle du bébé sur le visage de la mère, et le troisième mois de la vie serait dévolu à la découverte attentive des différents objets extérieurs grâce à une dynamique conjointe des regards du bébé et de la mère, et en appui sur le repérage précédent du visage maternel.

Si les interactions sont inadéquates ou même simplement neutres, cette maturation ne s'observe pas, et dans l'optique de ce travail, on peut sans doute dire que la segmentation visuelle demeure alors chaotique ou anarchique.

En ajoutant, bien entendu, que ce qui vaut pour le flux visuel vaut aussi, probablement, pour les autres flux sensoriels.

Finalement, et c'est là que je voulais en venir, *l'équilibre dynamique entre mantèlement/démantèlement et segmentation, qui se joue sur le fond des processus d'attention* paraît donc devoir être considéré comme se situant au cœur même des processus perceptifs, puisque seule une segmentation des différents flux sensoriels *selon des rythmes compatibles* permet le mantèlement des sensations, et donc l'accès à l'intersubjectivité, et la manière dont le bébé reconnaît la voix et le visage maternels est ici, probablement centrale et absolument essentielle.

Inversement, la manière dont la mère parle à son enfant ou la manière dont elle présente son visage au bébé ferait d'elle comme un « chef d'orchestre » des différentes segmentations sensorielles de son bébé, comme un chef d'orchestre l'aidant à segmenter ses différents flux sensoriels selon des rythmes compatibles et, ce faisant, comme un chef d'orchestre l'aidant au *mantèlement* de ses sensations, et donc à une avancée progressive vers une intersubjectivité stabilisée.

A défaut d'une telle fonction maternelle suffisamment efficace, le bébé ne pourrait alors que se raccrocher à un objet (interne ou externe ?) figé (éventuellement de type autistique ?), objet entravant simultanément ses processus d'attention, de *mantèlement* et de segmentation rythmée, et par là, son accès à une co-modalité effective.

Mais le bébé est aussi un merveilleux chef d'orchestre capable de rendre sa mère chef d'orchestre de sa co-modalité perceptive, et il y a donc tout à fait place ici pour le concept de « processus autistisant » si bien décrit par J. Hochmann.

Or, la zone temporale décrite comme anormale au cours des états autistiques (soit le sillon temporal supérieur) par les études en neuro-imagerie dont nous venons de parler, serait une zone précisément consacrée à l'organisation co-modale des perceptions, ce qui va bien dans le sens de la conception de la pathologie autistique comme entrave à l'accès à l'intersubjectivité, étant entendu que les anomalies retrouvées à l'IRMf peuvent sans doute être tout aussi bien la conséquence d'un fonctionnement hors co-modalité perceptive que la cause de celui-ci

Convergences neuro-psychanalytiques et conclusions

- Il n'y a pas d'accès possible à l'intersubjectivité sans co-modalité perceptive (cf. la tétée comme « situation d'attraction consensuelle maximum » selon D. Meltzer)
- Il n'y a pas de co-modalité perceptive possible sans la voix de la mère et le visage de la mère comme organisateurs de cette co-modalité perceptive (dépressions maternelles et expérience du « still-face »)

- Le STS semble le lieu d'agencement cérébral de la co-modalité perceptive d'où son importance centrale soit comme lieu de dysfonctionnement primaire, soit comme maillon intermédiaire du fonctionnement autistique
- Validation expérimentale du « processus autistisant » conceptualisé par J. Hochmann.
- On sait l'efficacité des anti-dépresseurs même en cas de dépression exogène réactionnelle, car à fonctionner trop longtemps en régime de deuil, se créent les conditions biochimiques de la dépression.
  De la même manière, à fonctionner trop longtemps hors co-modalité perceptive, peuvent peut-être se créer les conditions cérébrales de l'organisation autistique et, peut-être, les modifications que nous avons vues du STS en IRMf.

La psychanalyse avait raison, les neurosciences le prouvent :
Ce qui permet d'éviter une mentalité d'assiégés tout à fait inefficace.

Indications bibliographiques

J.L. AUSTIN, *Quand dire c'est faire*, Le Seuil, Coll. « L'ordre philosophique », Paris, 1970.

W.R. BION, (1962), *Aux sources de l'expérience*, P.U.F., Coll. « Bibliothèque de Psychanalyse », Paris, 1ère éd., 1979.

W.R. BION (1963), *Eléments de psychanalyse*, P.U.F., Coll. « Bibliothèque de Psychanalyse », Paris, 1ère éd., 1979.

W.R. BION (1965), *Transformations – Passage de l'apprentissage à la croissance*, P.U.F., Coll. « Bibliothèque de Psychanalyse », Paris, 1ère éd., 1982.

W.R. BION (1970), *L'attention et l'interprétation – Une approche scientifique de la compréhension intuitive en psychanalyse et dans les groupes*, Payot, Coll. « Science de l'homme », Paris, 1974.

N. BODDAERT, N. CHABANE, H. GERVAIS, C. GOOD, M. BOURGEOIS, M.-H. PLUMET, J.-L. ADRIEN, J.-B. POLINE, A. CACHIA, C. COLINEAUX, C. BARTHELEMY, M.-C. MOUREN-SIMEONI, Y. SAMSON, F. BRUNELLE, R. FRAKOWIAK and M. ZILBOVICIUS, *Superior temporal sulcus abnormalities in childhood autism : a voxel based morphometry MRI study,* Neuroimage, 2004, 23, 364-369.

J. BOWLBY, *Attachement et perte* (3 volumes), P.U.F., Coll. « Le fil rouge », Paris, 1ère éd., 1978 et 1984.

I. BRETHERTON, *Communication patterns – Internal working models and the intergenerational transmission of attachment relationships, Infant Mental Health Journal*, 1990, 11, 3, 237-252.

J.S. BRUNER, *Le développement de l'enfant : savoir faire, savoir dire*, P.U.F., Coll. « Psychologie d'aujourd'hui », Paris, 1ère éd., 1983.

J.S. BRUNER, *Comment les enfants apprennent à parler*, Retz, Coll. « Actualité pédagogique », Paris, 1987.

G. EDELMAN, *Biologie de la conscience*, Editions Odile Jacob, Coll. « Sciences », Paris, 1992.

I. FONAGY, *La vive voix – Essais de psychophonétique*, Payot, Coll. « Bibliothèque scientifique », Paris, 1991 (2ème éd.)

S. FREUD (1911), « Formulations sur les deux grands principes du cours des évènements psychiques », 135-143, In *Résultats, idées, problèmes*, Tome 1 (S. FREUD), P.U.F., Coll. Bibliothèque de Psychanalyse, Paris, 2ème éd., 1984.

E. FRIEMEL et N. TRANH-HUONG, Exploration et interaction mère-bébé : du visage à l'objet, *La Psychiatrie de l'enfant* (sous presse).

Cl. GEISSMANN, *Les fondements de la psychanalyse de l'enfant : névrose de transfert et après-coup*, Journal de la psychanalyse de l'enfant, 1996, 19 (« Formations »), pp. 25-47.
H. GERVAIS, P. BELIN, N. BODDAERT, M. LEBOYER, A. COEZ, I. SFAELLO, C. BARTHELEMY, Y. SAMSON and M. ZILBOVICIUS, *Abnormal cortical voice processing in autism: a fMRI study*, Nature Neuroscience, 2004, 7(8), pp. 801-802.
B. GOLSE, « Espace paternel, triade et tiercéité : la question des précurseurs, » 29-47, In *: Du corps à la pensée* (B. GOLSE), P.U.F., Coll. Le fil rouge, Paris, 1ère éd., 1999.
B. GOLSE, Du bébé à l'adolescent - Le père : « ni-moi-ni-elle », 33-44 In : *« Les premiers pas vers l'autre ou comment l'altérité vient aux bébés »* (sous la direction de J.-L. LE RUN et B. GOLSE), Erès, Coll. « Mille et un bébés », Ramonville Saint-Agne, 2003.
B. GOLSE, Co-construction de la tiercéité et de la place du père par la mère et le bébé : impact sur nos modèles d'interventions thérapeutiques, 199-209, In : *« Les pratiques psychanalytiques auprès des bébés »* (sous la direction de Ch. ANZIEU-PREMMEREUR et M. POLLAK-CORNILLOT), Dunod, Paris, 2004.
B. GOLSE et V. DESJARDINS, Du corps, des formes, des mouvements et du rythme comme précurseurs de l'émergence de l'intersubjectivité et de la parole chez le bébé, *« Une réflexion sur les débuts du langage verbal »*, Journal de la psychanalyse de l'enfant (sous presse)
A. GREEN, *Le discours vivant*, P.U.F., Coll. « Le fil rouge », Paris, 1ère éd., 1973.
J. HOCHMANN, J. LAPLANCHE, *Entretien avec Jean Laplanche* (réalisé par Alain Braconnier), Le Carnet-PSY, 2002, 70, 26-33.
A. LEROY-GOURHAN, *Au fil du temps (Ethnologie et préhistoire)*, Fayard, Coll. « Points », série « Sciences », Paris, 1977.
D. MELTZER et coll., *Explorations dans le monde de l'autisme*, Payot, Paris, 1980.
F. de SAUSSURE, *Cours de linguistique générale* (édition critique préparée par Tullio de Mauro), Payot, Coll. « Payothèque », Paris, 1978.
R. SPITZ, *De la naissance à la parole – La première année de la vie*, P.U.F., Coll. « Bibliothèque de Psychanalyse », Paris, 1979 (6ème éd.)
D.N. STERN, *Le monde interpersonnel du nourrisson – Une perspective psychanalytique et développementale*, P.U.F., Coll. « Le fil rouge », Paris, 1ère éd., 1989.
D.N. STERN, *L'enveloppe pré-narrative*, Journal de la psychanalyse de l'enfant, 1993, 14, 13-65.

C. TREVARTHEN et K.J. AITKEN, *Intersubjectivité chez le nourrisson : recherche, théorie et application clinique*, Devenir, 2003, 15, 4,309-428.

État actuel sur les recherches biologiques dans l'autisme

Sylvie TORDJMAN
Professeur en Psychiatrie,
Chef du Service Hospitalo-Universitaire de
Psychiatrie de l'Enfant et de l'Adolescent,
Rennes – CNRS URM 7593

La question de l'étiopathogénie de l'autisme a souvent soulevé une polémique opposant les théories psychodynamiques aux modèles biologiques organiques. Les hypothèses proposées varient selon les époques, les concepts et les progrès technologiques. Malgré les recherches qui se sont multipliées ces 30 dernières années, aucun modèle étiologique n'a réellement pu être retenu, aucun marqueur biologique identifié, aucun processus psychopathologique spécifique mis en évidence. Devant l'absence de résultats probants et de consensus, le concept de « syndrome » est probablement le plus approprié pour caractériser l'autisme. L'autisme peut être considéré comme un trouble précoce et global du développement défini par le DSM IV en terme d'altérations des interactions sociales, altérations de la communication verbale et non verbale et de stéréotypies comportementales ou idéiques. Mais l'on se heurte d'emblée au problème de l'hétérogénéité clinique relevant de l'utilisation de classifications diagnostiques différentes (classification française : CFTMEA, américaine: DSM-IV, de l'OMS : CIM 10) L'hétérogénéité des résultats biologiques et leur difficulté de réplication semblent suggérer l'existence dans l'autisme de « sous-types » aussi bien cliniques que biologiques.

Les recherches biologiques sur l'autisme ont tenté de mieux comprendre les mécanismes neuro-biologiques éventuellement impliqués dans les troubles autistiques et se sont inscrites dans des domaines très diversifiés (génétique, neuro-chimie et neuro-pharmacologie, Neuro-endocrinologie, neuro-anatomie et imagerie cérébrale, neuro-immunologie) Il apparaît de plus en plus clairement que l'autisme ne peut se résumer et s'expliquer par une seule cause biologique, mais relèverait plutôt d'une étiologie multifactorielle. C'est dire l'intérêt d'une approche biologique multidisciplinaire permettant de confronter différents champs et démarches méthodologiques et ainsi de mieux appréhender la neurobiologie de l'autisme. Il est cependant moins clair de déterminer le nombre exact de sous-types d'autisme et quels facteurs biologiques sont impliqués dans chaque sous-type. Si le problème de compréhension des troubles autistiques semble de mieux en mieux défini, il en devient également de plus en plus complexe.

L'identification d'anomalies biologiques dans l'autisme présente les intérêts suivants: (i) l'obtention d'indicateurs biologiques permettant d'affiner le diagnostic, de déterminer de nouveaux sous-types d'autisme et enfin de mieux comprendre les mécanismes étiopathogéniques des troubles autistiques ; (ii) l'apport d'informations précieuses pour la recherche de gènes associés à l'autisme, l'hypothèse d'une participation génétique étant de plus en plus soutenue par les études sur les familles et les jumeaux ; (iii) l'ouverture sur de nouvelles perspectives thérapeutiques.

Dans cet article seront abordés les aspects biologiques portant principalement sur les études cérébrales, génétiques et neuro-chimiques de l'autisme, en soulignant la nécessité de dépasser les clivages habituels (théories biologiques/psychodynamiques) On dégagera tout d'abord les résultats issus des études cérébrales neuro-anatomiques et fonctionnelles, puis génétiques et biochimiques. Enfin, un modèle de compréhension des troubles autistiques sera proposé, intitulé « modèle intégré clinico-biologique : le rôle du stress dans l'autisme ».

Les études cérébrales neuro-anatomiques et fonctionnelles

Les anomalies cérébelleuses

Le cervelet est constitué d'un vermis médian, de deux hémisphères latéraux et de noyaux centraux. Il représente une zone d'intégration des informations visuelles, vestibulaires et proprioceptives permettant le repérage dans l'espace et l'équilibre. Le vermis cérébelleux jouerait un rôle dans les processus d'apprentissage (Leaton et Supple, 1971) et dans le contrôle des afférences et efférences auditives (Huang et Liu, 1991)

Des anomalies vestibulaires ont été postulées très précocement (Ornitz et Ritvo, 1968) L'hypothèse d'une altération des fonctions cérébelleuses dans l'autisme, a semblé pour de nombreux auteurs pertinente en regard des troubles autistiques observés (troubles de l'équilibre, angoisses de chute, stéréotypies giratoires, troubles du repérage spatial, mauvaise estimation des distances et de la profondeur, troubles de l'initialisation et de l'exécution du mouvement, troubles du tonus à type d'hypotonie, marche avec élargissement du polygone de sustentation observée parfois dans les premières années de vie et évoquant une marche cérébelleuse).

Les études post-mortem chez les patients autistes montrent, au niveau du cervelet, une réduction du nombre de cellules de Purkinje (les cellules de Purkinje sont des neurones cérébelleux) (Williams et al.,1980 ; Bauman et Kemper, 1985 ; Ritvo et al. 1986) Cette anomalie serait plus particulièrement retrouvée au niveau des parties postérieures du vermis cérébelleux (lobules VI, VII et VIII) et des hémisphères cérébelleux (Bauman et Kemper, 1985) D'autres auteurs rapportent une perte de cellules de Purkinje dans les hémisphères cérébelleux associée à une augmentation neuronale au niveau du système limbique, des amygdales et de l'hippocampe et postulent que ces anomalies surviendraient très précocement (dès la première année de vie chez certains enfants autistes) et pourraient rendre compte de certains aspects des comportements autistiques (Lotspeich et Ciaranello, 1993). Pour l'instant, personne n'a réellement pu expliquer les raisons de cette anomalie neuro-anatomique. Par ailleurs, les travaux de Courchesne (1988) suggèrent une réduction de taille du vermis cérébelleux au niveau des lobules VI et VII. Dans une étude plus récente, cette même équipe a montré que les anomalies morphologiques discrètes du cervelet chez les sujets autistes étaient corrélées avec certains symptômes moteurs (Pierce et Courchesne, 2001). Ces résultats n'ont pas été, cependant, dupliqués et portent actuellement sur un trop petit nombre de sujets pour en tirer des conclusions solides. Néanmoins, il est intéressant de noter que des anomalies cérébelleuses ont également été décrites chez des patients présentant des pathologies associées à l'autisme comme le syndrome de l'X fragile (Lotspeich et Ciaranello, 1993) et l'amaurose congénitale de Leber (Nickel et Hoyt, 1982).

L'asymétrie fonctionnelle des hémisphères cérébraux

Les techniques d'exploration neurophysiologique, à savoir les potentiels évoqués auditifs enregistrés au niveau du tronc cérébral (PEATC) et au niveau cortical (PEAC), réactivité circulatoire mesurée par Doppler trans-crânien et par tomographie à simples photons (SPECT), ont permis d'établir les résultats suivants.

Les stimulations auditives chez l'enfant autiste de plus de cinq ans entraînent des réponses corticales anormales qui activent le cortex associatif postérieur droit, alors que les enfants témoins activent le cortex associatif postérieur gauche. Ces résultats sont en accord avec des données plus anciennes d'écoute dichotique, d'électrophysiologie et, plus récemment, de doppler trans-crânien, qui témoignent de l'insuffisance du traitement hémisphérique gauche de l'information auditive chez les enfants autistes, notamment au niveau des régions temporales. Les confrontations des données électro-physiologiques et cliniques montrent, dans cette dernière étude, que l'amplitude des réponses temporales est la plus faible chez les enfants autistes présentant les troubles les plus sévères de la communication verbale et non-verbale (Bruneau et al., 1999). Ces résultats apporteraient un nouvel éclairage à la compréhension des troubles de l'acquisition du langage chez l'enfant autiste.

Une étude de Mottron et collaborateurs (1995) sur l'enregistrement des potentiels évoqués cognitifs chez les sujets autistes de haut niveau (Quotient Intellectuel supérieur à 100) comparés à un groupe contrôle suggère une anomalie dans le traitement précoce de l'information visuelle. Il existerait une modification de la balance inter-hémisphérique pour le traitement des stimuli visuels complexes avec des répercussions électrophysiologiques et comportementales. Le caractère précoce de ces anomalies pourrait expliquer d'après les auteurs les différentes atteintes cognitives impliquant la modalité visuelle dans l'autisme.

A noter, l'enregistrement des potentiels évoqués suggère également l'existence, chez les enfants autistes, d'un problème d'intégration trans-modale des stimuli provenant de différents canaux sensoriels (auditifs, visuels). En effet, selon l'étude de Martineau et collaborateurs (1980), l'enfant autiste n'arriverait pas à associer deux types différents de stimulations sensorielles ou lorsqu'il y parvient, cette réponse associative ne peut être maintenue. Ceci n'est pas sans rappeler la théorie du démantèlement de Donald Meltzer où l'enfant autiste ne fonctionnerait plus que sur une seule modalité sensorielle, « accroché » à une stéréotypie privilégiant un canal sensoriel (auditif, visuel, etc.). Cependant, certains auteurs conditionnent ce problème d'intégration trans-modale à la nature émotionnelle ou non des informations. Ainsi, Peter Hobson a montré que les enfants autistes présentent de grandes difficultés à réaliser des appariements visuo-auditifs d'expressions émotionnelles lorsqu'ils associent d'une part des vidéos ou des enregistrements sonores avec d'autre part des photographies ou des dessins schématiques de visages (Hobson, 1986a ; Hobson, 1986b). Par contre, quand les stimuli sont de nature non émotionnelle, l'intégration intermodale visuo-auditive s'effectuerait correctement (les performances des enfants autistes ne différant pas de celles des enfants normaux) (Brun, Nadel et Mattlinger, 1998). Les recherches portant sur les problèmes d'intégration trans-modale chez les enfants autistes sont à rapprocher des travaux de Robert Lickliter en Psychologie du développement qui soulignent l'importance des stimulations bi-modales dans le développement du foetus, notamment en ce qui concerne ses capacités d'apprentissage (Lickliter *et* al., 2002).

Enfin, il nous paraît important de rappeler que les aspects neuro-anatomiques et fonctionnels, dont il est fait ici mention, peuvent se modifier au cours du développement, comme en témoigne la recherche menée par M. Zilbovicius et collaborateurs (1995). Les résultats de cette étude ont été établis chez des enfants autistes à deux étapes du développement (entre 2 et 4 ans, période qui correspond normalement à l'achèvement de la maturation du lobe frontal, puis 3 ans plus tard) et montrent un retard de maturation du lobe frontal, retard en fait rattrapé vers l'âge de 6 ans, mais qui se situerait à une période critique du développement cognitif. En effet, les enfants autistes présenteraient jusqu'à l'âge de 3 à 4 ans une hypoperfusion frontale qui disparaît habituellement chez l'enfant normal vers l'âge de 1 an. L'existence d'un délai de la maturation du lobe frontal survenant dans la petite enfance pourrait ainsi fournir une base neurobiologique aux troubles cognitifs retrouvés dans l'autisme. Cette recherche met bien en évidence l'intérêt de s'inscrire dans une perspective diachronique afin de prendre en compte les changements développementaux et l'existence de processus évolutifs.

Quelques commentaires peuvent être également faits sur la portée et l'interprétation des techniques et investigations citées dans l'état de la question. Tout d'abord, il est nécessaire de rappeler que les examens neuro-radiologiques (IRM, scanner...) et électrophysiologiques (potentiels évoqués corticaux ou du tronc cérébral) ne sont réalisés, pour la plupart d'entre eux, que sur des personnes autistes de haut niveau (Quotient Intellectuel supérieur à 100) ou présentant un syndrome d'Asperger. La généralisation des résultats à l'ensemble des patients présentant un syndrome autistique est donc discutable, ce d'autant que le nombre de sujets recrutés est toujours extrêmement faible (le plus souvent, 5 ou 6 patients). Par ailleurs, on peut se demander pourquoi les résultats issus des études en imagerie cérébrale ont un tel impact et de telles retombées aussi bien au niveau des familles que des médias. Cet intérêt est également partagé par d'excellentes revues de psychiatrie ainsi que les commissions attribuant des financements de recherche aux Etats-Unis, au point que si l'on veut avoir plus de chances d'obtenir une subvention, il est de bon ton de rajouter une « touche » d'imagerie. On a l'impression qu'après l'ère du Tout-Génétique, nous vivons aujourd'hui sous le règne de l'Imagerie. Comment expliquer cet engouement ?

Relève-t-il d'une simple mode ou correspond-t-il à un phénomène de société qu'il serait alors important d'analyser ? On peut penser que l'imagerie cérébrale permet de rassurer en donnant des résultats visualisables et concrets, et en paraissant apporter de l'objectivité et du contrôlable face à ce qui est vécu comme incompréhensible et incontrôlable. Par son apparente objectivité, l'imagerie cérébrale semble relever d'une vérité scientifique. On finit même par en oublier que l'image obtenue n'est qu'une image ré-analysée par des logiciels, une transformation visuelle de l'activité cérébrale enregistrée et qui n'est pas l'exacte réplique de la réalité, une recomposition qui est donc sujette à caution. Il nous paraît important de souligner, que les anomalies cérébrales observées chez certains patients autistes pourraient très bien résulter d'un effet en cascade de facteurs aussi bien environnementaux que biologiques et n'être pas la cause directe des troubles autistiques. Ceci peut être illustré par l'étude bien connue (Hubel et Wiesel, 1970 ; Hubel et Wiesel ont reçu un prix Nobel pour leurs travaux) de l'effet d'un environnement anormal, comme celui créé par une déprivation visuelle unilatérale chez le chaton à une période critique de son développement, qui entraîne une cécité de l'œil fermé et des anomalies neuro-anatomiques définitives du cortex visuel pourtant parfaitement fonctionnel initialement. De même, le manque de stimulation auditive environnementale portant sur certains sons (comme par exemple, l'absence de certains contrastes phonétiques parmi les occlusives ou les nasales) et survenant à une période critique du développement, provoque des altérations définitives de l'activité fonctionnelle du système langagier avec une perte des capacités de discrimination de ces sons et, par conséquent, de leur reconnaissance et production (Best, 1994). Il est donc extrêmement difficile, voire impossible, de déterminer si les anomalies cérébrales retrouvées chez les enfants autistes sont des causes du syndrome autistique ou seulement des conséquences apparentes à considérer au même niveau que les comportements autistiques. Ainsi, l'absence d'activation de l'aire spécifique du cortex auditif impliqué dans le traitement de la voix, observée dans une étude en IRM fonctionnelle chez cinq adultes atteints d'autisme comparés à huit volontaires sains, est-elle, comme le suggèrent les auteurs, une cause possible des troubles des interactions sociales retrouvés dans l'autisme (Gervais *et al.*, 2004 : « Abnormal processing of voice may be one of the factors underlying the social anomalies in autism») ? Ou ne serait-elle pas plutôt une conséquence à long terme de ces mêmes troubles ? On peut en effet se demander si après plus de vingt ans de retrait social (la moyenne d'âge des patients est ici de 25,8 + 5,9 ans), une personne ne finirait pas par développer des anomalies dans le traitement cortical de la voix. En l'état actuel des connaissances, il nous paraît prématuré de conclure à une implication étiologique primaire des anomalies cérébrales neuro-anatomiques et neurophysiologiques dans l'autisme. Il serait plus prudent et cohérent, même en matière d'imagerie cérébrale, de raisonner en terme de modèle interactif bio-psycho-environnemental et non de causalité linéaire.

Les études biochimiques

Les études biochimiques chez les patients autistes ont principalement porté sur les monoamines (sérotonine, noradrénaline, dopamine) et les opioïdes (dont, surtout, les béta-endorphines qui appartiennent au groupe des endomorphines se caractérisant par leur propriété analgésique centrale). Les résultats qui font l'objet d'un consensus concernent l'hypersérotoninémie et l'existence d'une réponse au stress anormalement augmentée dans l'autisme infantile.

L'hypersérotoninémie est retrouvée chez plus de 1/3 des autistes. Depuis que pour la première fois, Schain et Freedman (1961) ont rapporté une élévation de la sérotoninémie chez 6 enfants autistes, la notion d'une hypersérotoninémie associée à l'autisme infantile a été retrouvée par de nombreux auteurs (revue McBride et al., 1990, Tordjman et al., 1995). L'hypersérotoninémie paraît bien liée à une augmentation de la sérotonine dans les plaquettes (Takahashi et al, 1976) et non à une thrombocytose comme on l'avait cru initialement (Ritvo et al., 1970). Malgré les recherches qui se sont multipliées, les mécanismes de cette hypersérotoninémie n'ont pas été encore à ce jour élucidés. Une recherche française (Ferrari et al, 1988) met en évidence une corrélation positive entre l'hypersérotoninémie et l'intensité des principaux troubles autistiques.

Les études génétiques

L'ensemble des études familiales et des études sur les jumeaux conclut à l'implication de facteurs génétiques dans les troubles autistiques (Folstein et Piven, 1991; Young et al, 1989). En moyenne, le taux de concordance chez les jumeaux monozygotes est de 64% alors qu'il est de 9% chez les Dizygotes (Smalley, 1988). Mais ces taux sont d'une part fonction du diagnostic et du sous-type d'autisme considérés, et d'autre part insuffisants pour rendre compte seuls du syndrome autistique

Les études familiales : La fréquence de l'autisme dans la population générale a donné lieu à des estimations variables, tributaires principalement du mode d'échantillonnage et des critères de diagnostic, comme le souligne un rapport de l'ANDEM. Cependant, la prévalence de l'Autisme défini selon les critères du DSM III R est estimée à 1- 5/1000 et les garçons sont 3-4 fois plus atteints que les filles (Smalley et al., 1988). Des études récentes confirment en France ces taux de prévalence (~ 4,8/10 000 ; Aussilloux et al., 1989 ; Fombonne et Du Mazaubrun, 1992). Les études portant sur le risque d'autisme, dans les familles d'enfant autiste, mettent en évidence un risque beaucoup plus élevé que dans la population générale. Le risque pour les frères et soeurs d'autistes serait de 2,5% selon les études de Kanner, 2,8% pour Folstein et Rutter et de 1,6% chez Kolvin. Le risque estimé par Smalley à partir des études familiales de Auguste, Deykin et Ritvo se situe au environ de 3%. Au total, le risque d'autisme chez les frères et soeurs d'enfants autistes est en moyenne de 50 à 100 fois supérieur au risque trouvé dans la population générale, ce qui suggère pour l'Autisme un caractère familial, familial signifiant autant environnemental que génétique. Carlier et Roubertoux (1994) ont en effet souligné que, dans l'évaluation du risque, le degré de proximité génétique et le degré de similitude environnementale sont corrélés.

Les études de jumeaux : Dans les recherches sur l'Autisme visant à comparer les jumeaux monozygotes (MZ) aux jumeaux dizygotes (DZ), trois résultats intéressants sont à souligner.

1) Dans chaque étude, le taux de concordance des MZ est supérieur à celui des DZ. Le bilan des études publiées est résumé dans le Tableau 1.

	MZ		DZ	
AUTEURS	Nombre de paires de jumeaux concordantes		Nombre de paires de jumeaux concordantes	
Carlier et Roubertoux, 1979	30	26 (86%)	9	2 (22%)
Folstein et Rutter 1977)	11	4 (36%)	10	(0%)
Ritvo et al (1985)	23	22 (96%)	17	4 (17%)
Steffenburg et al. (1989)	54	45 (86%)	36	9 (25%)
Etudes de cas uniques *	11	9 (82%)	10	1 (10%)
Bailey et al. (1995)	25	15 (60%)	20	0 (0%)

Tableau 1: Concordance pour l'autisme chez les jumeaux monozygotes (MZ) et les dizygotes (DZ) (* se reporter pour les références à l'article de Smalley, Asarnow et Spence, 1988).

2) Jamais le taux de concordance de MZ n'atteint les 100% qui seraient attendus si la maladie était uniquement déterminée par les gènes.

3) Dans l'étude de Folstein et Rutter, les taux de concordance sont fonction du diagnostic. Ces résultats semblent indiquer une hétérogénéité étiologique de l'autisme. L'étiologie serait différente selon le sous-type d'autisme considéré, sous-type qui pourrait aussi bien être clinique que biologique.

Il reste donc à localiser les gènes impliqués dans les différents sous-types. Des anomalies biochimiques (Catécholamines, Dopamine, Sérotonine) ont conduit à la recherche de gènes candidats (Tyrosine Hydroxylase, Tryptophane Hydroxylase, Dopamine ß Hydroxylase). Les études sur ces gènes candidats se sont révélées pour le moment infructueuses mais une association positive a été mise en évidence entre l'Autisme et le locus contenant le gène C-Harvey-Ras proche du gène de la Tyrosine Hydroxylase sur le chromosome 11 (Hérault et al., 1993).

Des associations entre certaines maladies génétiques et syndrome autistique également ont été rapportées comme la phénylcétonurie, la sclérose tubéreuse de Bourneville, la neurofibromatose de Reckinghausen, les syndromes de Rett et de Cornélia de Lange. Notons qu'une association n'est qu'une co-présence d'une pathologie génétique située dans la région chromosomique incluant le gène et d'une maladie, ici l'autisme. Elle ne doit pas être assimilée avec une liaison de la maladie dont le gène est à localiser. Cependant l'observation d'association permet de cibler la région chromosomique qui sera soumise à l'analyse de ségrégation. De nombreux chercheurs ont relevé une fréquente association entre le syndrome autistique et le syndrome de l'X fragile. On retrouverait 46% (23/50) de syndrome autistique diagnostiqué selon les critères du DSM III R chez les garçons porteurs d'un X fragile (Hagerman *et al.,* 1986). Mais il apparaît au travers des différentes recherches une moyenne d'X fragile de 8% (48/613) chez les garçons autistes, ce pourcentage variant de 0 à 16% selon les études (Smalley *et al.*, 1988). Einfeld *et al.,* (1989) suggèrent que cette absence de validation croisée résulte d'une confusion portant sur les troubles cognitifs et la déficience mentale présents aussi bien chez les autistes que dans l'X fragile. Ce qui confirme la nécessité de procéder à la recherche de sous-type d'autisme avant toute analyse génétique. Une association avec des haplotypes du Complexe Majeur d'histocompatibilité a été décrite par Warren (1992) mais ne permet pas d'exclure la contribution d'autres régions chromosomiques.

Rappelons enfin que l'association d'un trait autistique et d'une région chromosomique n'a qu'une valeur indicative. Elle peut n'être que due au hasard. Par ailleurs, la découverte en soi de facteurs génétiques impliqués dans les troubles autistiques ne prend son sens que si l'on tient compte des interactions entre les facteurs environnementaux et les facteurs génétiques étudiés. On ne peut mener des recherches génétiques sur l'autisme sans intégrer les effets du patrimoine génétique à ceux de l'environnement, qu'il soit post-natal ou prénatal (environnement psychologique mais aussi environnement cytoplasmique, environnement utérin avec les échanges placentaires et les effets hormonaux). Un gène peut très bien être présent dans notre patrimoine héréditaire mais cependant ne jamais s'exprimer s'il est inhibé par certains facteurs environnementaux. C'est dire l'importance de ne pas parler de « gènes de l'autisme » nous renvoyant à un déterminisme inéluctable, mais plutôt d'étudier les effets du génome intégrés à ceux de l'environnement.

La disparité des résultats biologiques souligne l'importance de définir précisément les critères diagnostics auxquels on se réfère, et de distinguer des sous-groupes cliniques en fonction de certains comportements caractéristiques (comme les stéréotypies et les automutilations). Hormis les problèmes soulevés par la disparité des résultats, il apparaît aussi d'autres limites. Ces recherches ne s'inscrivent pas dans une démarche multidisciplinaire portant sur des études multifactorielles, ne prennent pas en compte l'interaction entre les facteurs biologiques et les facteurs environnementaux et enfin ne tentent pas d'ouvrir une réflexion sur la place et l'articulation de cette approche biologique avec les autres approches (comme les approches psychanalytique ou cognitive). Ces dernières limites ainsi que les résultats de nos recherches INSERM nous ont incité à développer un modèle de compréhension des troubles autistiques dans une approche intégrée bio-psycho-environnementale (Tordjman et *al.*, 1997 et 1998), modèle qui fait la synthèse de plusieurs recherches aussi bien cliniques que biologiques.

Un modèle intégré clinico-biologique : Le rôle du stress dans l'autisme

Le modèle proposé comprend trois niveaux différents (voir Figure 1) :

- Niveau 1 : Existence d'un dysfonctionnement dans le traitement des signaux environnementaux. Cette distorsion est génératrice d'angoisse et serait provoquée par des causes multifactorielles, aussi bien biologiques qu'environnementales, à savoir :

• un manque de stimulation sensoriel organique (comme dans les déficiences sensorielles) ou environnemental. Cette déprivation sensorielle se situerait à une période critique pour le développement ou le fonctionnement de la sensibilité proprioceptive.

• des troubles précoces des interactions en particulier visuelles. La rencontre des premiers regards jouerait un rôle essentiel dans le développement psycho-affectif de l'enfant.

• de possibles facteurs biologiques intervenant en particulier dans le stress et l'intégration cérébelleuse, facteurs biologiques que nous développerons ci-dessous.

- Niveau 2 : Importance des angoisses primitives portant essentiellement sur les représentations spatiales et l'image du corps : des angoisses de chute, de perte d'équilibre peuvent être repérées au travers de signes directs comme les terreurs de la pente ou des hauteurs, et également de signes indirects visant à contrôler ces angoisses (par exemple, le geste sans cesse répété de faire tomber un objet et de le ramasser, permet de lutter contre une angoisse de chute). De même, « l'angoisse de se liquéfier » peut être retrouvée au travers de signes directs comme les attaques de panique à l'écoulement du lavabo ou de la chasse d'eau, et de signes indirects comme les jeux stéréotypés avec l'eau.

- Niveau 3 : Réduction de ces angoisses primitives par deux modes de régulation entraînant l'apparition de comportements autistiques (stéréotypies, automutilations) : d'une part, décharge de la tension anxieuse sous forme de décharge pulsionnelle avec perte de contrôle ; d'autre part, contrôle des systèmes sensori-perceptifs avec surcharge « hypnotique » d'un canal sensoriel permettant à l'enfant autiste de s'isoler par rapport à un environnement vécu comme dangereux et menaçant. Cet isolement sensoriel va aboutir à la nécessité de recourir à ces mêmes comportements autistiques pour « s'auto-stimuler » et percevoir une sensation. Ainsi, ce niveau peut être illustré par l'exemple des stéréotypies et auto-mutilations autistiques dont les fonctions semblent se regrouper autour de la notion de réduction des angoisses primitives : fonction d'auto-stimulation, fonction de pare-excitation (dans les débordements d'excitation intense, même de joie), décharge de pulsion sexuelle (passé un certain seuil, l'angoisse aboutirait à une excitation sexualisée qui se déchargerait par des stéréotypies auto-érotiques, des masturbations compulsives), décharge de pulsion agressive (stéréotypies ou conduites auto-agressives apparaissant dans les colères, frustrations, tantrums), saturation d'un canal sensoriel, en particulier kinesthésique aboutissant à la diminution de perception des stimuli environnementaux (stéréotypies giratoires, balancements et automutilations « anesthésiants »).

Le modèle proposé n'est pas le seul modèle existant de compréhension des troubles autistiques. Comme tout modèle, il ne peut être que réductif et n'a pas la prétention de répondre à toutes les questions. Mais c'est un modèle cohérent avec notre pratique clinique et présentant l'intérêt d'une approche intégrée clinico-biologique. Il est important de souligner que ce modèle est interactif et ne conclut pas à l'existence d'une causalité linéaire. Par exemple, le contrôle des angoisses primitives par un contrôle des systèmes sensori-perceptifs (3ème niveau du modèle) semble aboutir à un système auto-entretenu qui vient renforcer l'isolement sensoriel et social de l'enfant et qui par conséquent participe aux troubles des interactions sociales (niveau 1 du modèle). On pourrait faire l'hypothèse d'une dépendance de l'enfant autiste à ses comportements stéréotypés ou auto-agressifs avec un éventuel corrélat biologique. Ce modèle offre surtout une base de discussion ouvrant à la réflexion et aux recherches ultérieures.

Ce modèle n'est pas uniquement destiné aux chercheurs, il offre aussi l'avantage de présenter aux équipes soignantes une approche intégrée clinico-biologique de l'autisme. Mais quel est donc au juste l'intérêt d'intégrer une approche biologique de l'autisme à la pratique clinique des équipes soignantes ? Cette question m'est souvent adressée par les équipes cliniques travaillant auprès d'enfants autistes, et il semble qu'une approche biologique intégrée à la clinique peut apporter à l'équipe soignante un nouvel éclairage sur l'autisme et, de ce fait, exercer un effet dynamisant chez des équipes qui souvent « s'épuisent » face à la pathologie autistique. Ainsi, le résultat biologique de la recherche mettant en évidence des taux de neuro-hormones de stress très supérieurs à la normale chez des enfants présentant un retrait autistique sévère, a permis à certains soignants de porter un regard différent sur ces enfants et de relancer une dynamique relationnelle qui s'essoufflait devant le repli social et l'absence de langage verbal. C'est un peu comme si, sous l'éclairage biologique, les émotions inapparentes prenaient corps, devenaient visibles et venaient interpeller l'entourage, qu'il soit familial ou soignant. Cet éclairage ne remplace pas la réflexion psychanalytique qui, depuis bien longtemps déjà, souligne l'importance des angoisses autistiques, mais il permet d'être confronté à une autre réalité, à savoir la réalité biologique. Cette réalité, parce que justement elle est autre, peut créer un effet de surprise et, par là même, aider au soulèvement d'un questionnement et à une prise de conscience.

Par ailleurs, l'approche biologique peut constituer un outil de médiation où vont s'exprimer les phantasmes et angoisses aussi bien des équipes que des parents. En témoigne le questionnement des parents quant à l'existence de facteurs génétiques dans l'autisme. Ce questionnement véhicule la crainte d'une transmission générationnelle et le besoin de connaître, au travers des études génétiques, le risque de transmission. Il nous semble important de tenir compte, au niveau du travail clinique fait autour de l'enfant autiste et de sa famille, de ces phantasmes, de les parler, et d'en référer à de possibles analyses génétiques. Si ces angoisses et phantasmes, qui recouvrent souvent une culpabilité importante, ne sont pas pris en considération et entendus, ils risquent d'interférer avec la prise en charge thérapeutique et même parfois d'entraîner des ruptures thérapeutiques. Il n'est pas question de se substituer au généticien et de faire des caryotypes à sa place, il est seulement question de ne pas négliger une dimension importante du vécu des familles, et de mettre en place un travail de liaison avec le neuro-pédiatre et le généticien.

L'approche biologique intégrée à la clinique, qu'elle se situe dans le cadre d'une recherche ou d'une réflexion plus générale de l'équipe soignante (à partir d'une information sur l'actualité des recherches biologiques ou d'un travail de liaison avec les neuro-pédiatres et les biologistes), peut également constituer un outil de réflexion précieux, permettant d'approfondir une discussion au sein d'une équipe quant aux sens et aux fonctions des comportements autistiques. Ainsi, les résultats immunologiques de la recherche concernant l'altération chez certains enfants autistes des auto-anticorps impliqués dans la reconnaissance du soi/non-soi biologique, nous ont amené à nous demander comment cette reconnaissance du soi/non-soi biologique pouvait s'articuler avec la reconnaissance du soi/non-soi psychique. Comment un sujet peut-il entamer un processus de séparation-individuation s'il ne reconnaît même pas sa propre identité biologique ? Quel sens peut-on donner dans ce contexte aux automutilations autistiques, et le terme même d' « auto » est-il réellement approprié alors que la conscience d'un « soi » biologique ou psychique ne paraît pas encore bien établie ? Les conduites auto-agressives n'en disparaîtront pas pour autant mais, à partir d'un travail d'élaboration et d'une meilleure compréhension de ces comportements difficiles à vivre pour l'entourage, l'équipe soignante y fait mieux face et, par là même, peut mieux aider l'enfant autiste. L'accès au sens (ou aux possibles sens…) améliore indéniablement la tolérance.

On peut aussi espérer que la recherche clinico-biologique permette d'ouvrir de nouvelles voies thérapeutiques en mettant en évidence des sous-types clinico-biologiques d'autisme qui nécessiteraient des traitements adaptés et différents. Par ailleurs, sans entretenir l'illusion d'un « traitement miracle » de l'autisme, il serait envisageable que des traitements médicamenteux puissent améliorer certains troubles autistiques. Il semble de plus nécessaire que les équipes soient au courant des recherches biologiques actuelles sur l'autisme et de leurs éventuels débouchés thérapeutiques, dans le cadre de leur formation professionnelle mais aussi pour pouvoir répondre aux questionnements et demandes des familles qui sont de plus en plus souvent informées par divers médias et par les associations d'usagers (Chamak et Cohen, 2003). L'absence de réponse de la part des professionnels provoque souvent chez les familles un sentiment de méfiance qui peut retentir sur la collaboration aux soins, entraver la relation de confiance et aller jusqu'à briser l'alliance thérapeutique.

Enfin, il paraît indispensable d'appréhender le sujet dans sa globalité au travers d'une approche clinico-biologique de l'autisme. L'autisme ne peut être réduit à quelques anomalies biologiques, et l'interprétation des résultats biologiques devrait être faite en regard d'une étude psychodynamique. Cette approche biologique intégrée à la clinique nous renvoie à une réflexion éthique, dont nous pouvons d'autant moins faire l'économie que l'enfant autiste constitue l'un des exemples paradigmatiques du sujet vulnérable.

Conclusion

Il apparaît difficile aujourd'hui de préciser s'il existe une relation de cause à effet entre les perturbations biologiques rencontrées chez les enfants autistes et les manifestations cliniques, et dans quel sens joue cette relation. On ne peut donc ni dénier l'existence de facteurs biologiques, ni réduire l'étiologie de l'autisme à des modèles purement biologiques ne prenant pas en compte l'influence de l'environnement et se revendiquant d'une vérité scientifique statistique - certes rassurante, car reposant sur des données quantifiables apparemment objectives - mais qui n'en est pas moins source de biais (biais méthodologiques, biais d'interprétation). Enfin, l'autisme infantile précoce pourrait être considéré comme une organisation psychopathologique susceptible de se constituer en réponse à des facteurs initiaux très divers, organiques et psychologiques. Si l'on tient compte de cet aspect multi-factoriel, il semble alors important d'avoir une approche multidisciplinaire de l'autisme incluant la participation à la fois de cliniciens et de biologistes. Ce type d'approche se situe précisément au carrefour de la psychiatrie de l'enfant et de la biologie, avec toutes les difficultés que l'on peut rencontrer lorsque l'on se trouve au croisement de deux domaines aussi différents et lorsque l'on doit manier deux langages ayant chacun sa spécificité. Mais, c'est peut-être de cette confrontation qu'émergeront des éclairages nouveaux, une meilleure compréhension des troubles autistiques et les prises en charge thérapeutiques les mieux adaptées.

Indications bibliographiques

C. AUSSILLOUX, F. COLLERY, F. ROY, *Epidémiologie de l'autisme infantile dans le département de l'Hérault.* Rev. Fr. Psychiatry. 1989, 7, 24-28.

A., BAILEY, A., LE COUTEUR, I., GOTTESMAN, P., BOLTON, E., SIMONOFF, E., YUZDA, M., RUTTER, *Autism as a strongly genetic disorder : evidence from a British twin study.* Psychological Medicine, 1995, 25, 63-77.

M.BAUMAN, T.L. KEMPER, *Histoanatomic observations of the Brain in early infantile autism.* Neurology, 1985, 35, 866-874.

C.T., BEST, *The emergence of native-language phonological influences in infants : A perceptual assimilation model.* In J.C. Goodman & H.C. Nusbaum (Ed.), *The development of speech perception : The transition from speech sounds to spoken words*, 1994, pp.167-224, Cambridge MA : MIT Press.

PH., BRUN, J., NADEL, M.J., MATTLINGER *L'hypothèse émotionnelle dans l'autisme*, Psychologie Française, 1998, 43, 147-156.

N., BRUNEAU, S., ROUX, J.L., ADRIEN, C., BARTHELEMY, *Auditory associative cortex dysfunction in children with autism: evidence from late auditory evoked potentials (N1 wave-T complex*), Clinical Neurophysiology, 1999, 110, 1927-1934.

M. CARLIER, P.L. ROUBERTOUX, *Génétique et psychoses de l'enfant,* in S. LEBOVICI, R. DIATKINE, M. SOULE (Ed.) Traité de psychiatrie de l'enfant, Paris PUF, 1994, sous presse.

M. CARLIER, P.L. ROUBERTOUX, *Psychoses à manifestations précoces et psychoses à manifestations tardives. Apport de l'analyse génétique.* Psychiatie de l'enfant, 1979, 473-502.

B. CHAMAK, D.COHEN, *L'autisme : vers une nécessaire révolution culturelle*, Médecine Sciences, 2003, 1152-1159.

E. COURCHESNE, R. YEUNG-COURCHESNE, PRESS, G.A., HESSELINK, J.R., and J.L. JERNIGAN, *Hypoplasia of cerebellar normal lobules VI and VII in Autisms.* The New England Journal of Medecine, 1988, 318, 1349-1354.

S. EINFELD, H. MOLONY, and W. HALL, *Autism is not associated with fragile X syndrome.* American Journal of Medical Genetics, 1989, 34, 187-93.

P. FERRARI, M.R.MARESCOT, R.MOULIAS, C. BURSZTEJN, A. DEVILLE-CHABRAOLLE, M. THIOLLET, B. LESOURD, A. BRACONNIER, C. DREUX, E. ZARIFIAN, J. FERMANIAN, *Etat immunitaire dans l'autisme infantile.* L'encéphale, 1988, 14, 339-344.

SE. FOLSTEIN, J. PIVEN, *Etiology of autism : genetic influences,* Pediatrics, 1991, 87, 767-73.

E. FOMBONNE, C. DU MAZAUBRUN, *Prevalence of infantile autism in four french regions.* Soc Psychiatr Epidemiol, 1992, 27, 203-210.

H., GERVAIS, P. BELIN, N. BODDAERT, M. LEBOYER, A. COEZ, I. SFAELLO, C. BARTHELEMY, F. BRUNELLE, Y. SAMSON, M. ZILBOVICIUS, *Abnormal cortical voice processing in autism.* Nature Neuroscience, 2004, 7 (8), 801-802.

R.J., HAGERMAN, JACKSON, A.W., KNOLL, J.H., JACKSON, A.W., KEMPER, M., AHMAD, R. *Autism in fragile X females.* Amer. J. Med. Genet, 1986, 23, 375-380.

J. HERAULT, A. PERROT, BARTHELEMY, C., BUCHLER, M., CHERPI, C., LEBOYER, M., SAUVAGE, D., LELORD, G., MALLET, J., MUH, J.P. *Possible Association of C. Harvey-Ras-1 (H RAS-1) Marker with Autism.* Psychiatry Research, 1993, 46, 261-267.

B. HERMAN, M.,HAMMOCK, ARTHUR-SMITH, A., EGAN, J., CHATOOR, I., ZELNIK, N., CORRADINE, M., APPELGATE, K., BOECKX, R., SHAR, S. : *Role of opioid peptides in autism : Effects of acute administration of naltrexone.* Neurosci Abs, 1986, 12, 1172.

R.P. HOBSON, *The autistic child's appraisal of expressions of emotion,* J. Child Psychlogy and Psychiatry, 1986 a , 27, 321-342.

R.P. HOBSON, *The autistic child's appraisal of expressions of emotion : a further study,* Journal of Child Psychology and Psychiatry, 1986 b, 27, 671-680.

HUANG C.M., LIU G.L. *Auditory responses in the posterior vermis of the cat : the burried cerebellar cortex,* Brain Research, 1991, 553, 201-205.

HUBEL D.H., WIESEL T.N. *The period of susceptibility to the physiological effects of unilateral eye closure in kittens,* Journal of Physiology, 1970, 206,

J.M. LAUNAY, C., BURSZTEIN, FERRARI, P., DREUX, C., BRACONNIER, A., ZARIFIAN, E., LANCRENON, S., FERMANIAN, *J. Catecholamine metabolism in infantile autism : a controlled study of 22 autistic children.* J Aut. Dev. Disord., 1987, 17, 333-347.

R.N., LEATON, W.F., SUPPLE *Medial cerebellum and long term habituation of acoustic startle in rats,* Behavioral Neurosciences, 1971,105, 804-816.

R., LICKLITER, L.E., BAHRICK HONEYCUTT H. *Intersensory redundancy facilitates prenatal perceptual learning in bobwhite quail (Colinus virginianus) embryos*, Developmental psychology, 2002, 38,15-23.
L.J., LOTSPEICH, CIARANELLO, R.D. *The neurobiology and genetics of infantile autism.* International Review of Neurobiology, 1993, 35, 87-129.
J., MARTINEAU, LAFFONT F., BRUNEAU N., ROUX S., LELORD G. *Event-related potentials evoked by sensory stimulation in normal, mentally retarded and autistic children,* Electroencephalography and Clinical Neurophysiology, 1980, 48, 140-153.
MC BRIDE, P.A., ANDERSON, G.M., MANN, J.J. *Serotonin in Autism.* In *Serotonin in Major Psychiatric Disorders,* edit by E.F. COCCARO and D.L. MURPHY. American Psychiatric Association Press, Washington, D.C., 1990, p 49-68.
L. MOTTRON, BELLEVILLE S. *L'hypothèse perceptive visuelle dans l'autisme,* Psychologie Française, 1995, 43(2), 135-145.
B. NICKEL, C., HOYT, *Leber's congenital amaurosis : is mental retardation a frequent associated defect ?* Archives of Ophthalmology, 1982, 100, 1089-1092.
E.M., ORNITZ, E.R., RITVO, *Neurophysiologic mechanisms underlying perceptional inconstancy in autistic and schizophrenic children.* Archives of General Psychiatry, 1968, 19, 22-27.
E. PETIT, J., HERAULT, CHERPI, C., PERROT, A., BARTHELEMY, C., MUH, J.P. *Recherche de facteurs de susceptibilité génétique dans l'autisme infantile.* Colloque « l'autisme : de la biologie à la clinique », 7-8 Avril 1995, Paris.
E.R. RITVO, A.,YUWILER, GELLER, E. ORNITA, E.M., SAEGER, K. PLOTKIN, S. *Increased blood serotonin and platelets in early infantile autism.* Archives of General Psychiatry, 1970, 23, 566-572.
E.R. RITVO, B.J., FREEMAN, SCHEIBEL, A.B. *Lower Purkinje all counts in the cerebella of four autistic subjects* : *initial findings* of the American Journal of Psychiatry, 1986, 143, 862-866.
R.J. SCHAIN, D.X., FREEDMAN, *Studies on 5-hydroxy-indole metabolism in autistic and other mentally retarded children.* Journal of Pediatric, 1961, 58, 315-320.
S.L. SMALLEY, ASARNOW, R.F., SPENCE, M.A. *Autism and Genetics.* Arch. Gen.Psych., 1988, 45, 953-961.
S. STEFFENBURG, GILLBERG, C., HELLGREN, L., ANDERSSON, L., GILLBERG, IC., JAKOBSSON, G., BOHMAN, M. *A twin study of*

infantile autism in Denmark, Finland, Iceland, Norway and Sweder. J. Child Psychol Psychiatry, 1989, 30, 405-416.
S. TAKAHASHI, H., KANAI, MIYAMOTO, Y. *Reassessment of elevated serotonin levels in blood platelets in early infantile autism.* Journal of Autism and Childhood Schizophrenia, 1976, 6, 317-326.
S. TORDJMAN, ANDERSON G.M., MCBRIDE P.A., HERTZIG M., SNOW M., HALL L., FERRARI P., COHEN D.J. *Plasma beta-Endorphin, Adrenocorticotropin Hormone and Cortisol in Autism,* Journal of Child Psychology and Psychiatry, 1997, 38, 705-716.
S. TORDJMAN, E. SPITZ, C. ANTOINE, M. CARLIER, P. ROUBERTOUX, *Profils biologiques et comportementaux de l'autisme infantile. Intérêts d'une approche intégrée.* Psychologie Française, 1998, 43(2), 185-195.
WARREN, *Immunogenetics*, 1992, 36, 203-207.
R.S. WILLIAMS, S.L. HAUSER, D.P. PURPURA, R. DELONG, C.N. SWISHER, *Autism and Mental Retardation : neuropathologic studies performed in four retarded persons with autistic behaviour.* Arch. of Neuro. 1980, 37, 749-753.
GJ. YOUNG, JH. NEWCORN, LI LEVEN, *Pervasive developmental disorders.* In Kaplan HI, Saddock BJ (eds.), Comprehensive Textbook of Psychiatry, 5 th Edition. Baltimore, MD: Williams and Wilkins, 1989, p 1772-1787.
M. ZILBOVICIUS, B. GARREAU, Y. SAMSON, P. REMY, C. BARTHÉLÉMY, A. SYROTA, G. LELORD, *Delayed frontal cortex maturation in childhood autism,* American Journal of Psychiatry, 1995, 152, 248-259.

Recherche PREAUT : Evaluation d'un ensemble cohérent d'outils de repérage des troubles précoces de la communication pouvant présager un trouble grave du développement

Etat d'avancement des travaux[4]

Graciela C. CRESPIN
Psychanalyste, Paris
Co-fondatrice de l'Association PREAUT
Responsable de la formation des médecins

Notre Association pilote la recherche PREAUT depuis maintenant 5 ans : la formation des médecins de la petite enfance de 12 départements français et la phase de faisabilité se sont maintenant déroulées sans incidents, laissant place au démarrage de la phase opérationnelle courant 2005.

Son objectif initial demeure : « valider un ensemble cohérent d'outils de repérage des troubles précoces de la communication à 4, 9, 12 et 24 mois et évaluer le risque d'évolution vers l'autisme des cas dépistés », mais elle a depuis accueilli en son sein la recherche issue d'une étude multicentrique coordonnée par le Pr. C. Bursztejn du CHRU de Strasbourg qui a permis la mise au point du « Questionnaire sur le Développement de la Communication » (QDC), proposé à l'ensemble de la population à l'âge de 12 mois.

Ainsi, les signes précoces dont l'étude est envisagée dans le cadre de la phase opérationnelle de la recherche PREAUT sont maintenant :

- d'une part, ceux proposés par M.C. Laznik et l'équipe de PREAUT, facilement identifiables à partir du 4ème mois de la vie dans le cadre d'une consultation pédiatrique, qui se présentent de la manière suivante :
  (1) le bébé ne cherche pas à se faire regarder par sa mère (ou son substitut) en absence de toute sollicitation de celle-ci ;

[4] Pour une présentation générale de notre recherche, consulter l'Editorial du premier N° des Cahiers de PREAUT « Aspects cliniques et pratiques de la prévention de l'autisme », Paris, L'Harmattan, 2004.

(2) le bébé ne cherche pas à susciter l'échange jubilatoire avec sa mère (ou son substitut) en absence de toute sollicitation de celle-ci.

- D'autre part, ceux des items qui, après l'étude préalable conduite par C. Bursztejn et coll., sur un échantillon de 2 350 enfants entre 8 et 13 mois, ont été désignés comme suffisamment fiables pour être utilisés à l'âge de 12 mois, dans le Questionnaire du Développement de la Communication (QDC).
- Et enfin, à l'examen du 24ème mois, le CHAT (Checklist for Austism in Toddlers), sera également proposé à l'ensemble de la population. Bien que sa spécificité ait été établie par S. Baron-Cohen en 1995, une autre étude de la même équipe (Baird et coll., 2000) indique que sa sensibilité est relativement faible. Ainsi, la version retenue pour notre recherche, comporte un petit nombre d'items complémentaires destinés à tenter d'améliorer sa sensibilité. A ce titre, le déroulement de la recherche PREAUT vaudra validation du CHAT en France.

La recherche se déroulera en partenariat avec les médecins de PMI de 12 départements constituant un bassin d'environ 150000 naissances par an, nécessaire à la constitution de l'échantillon requis (25000 bébés)[5] compte tenu de la prévalence des syndromes autistiques actuellement admise (10 à 16 pour 10000).

Les médecins-chercheurs ont été formés sur une période de trois jours à l'identification des deux signes PREAUT utilisés comme « marqueurs » des troubles graves de la communication au cours de la première année de la vie, ainsi qu'à la passation du Questionnaire sur le Développement de la Communication (QDC) du Pr. C.Bursztejn, proposé à 12 mois, et à celle du CHAT proposée à 24 mois.

Les questions posées aux médecins sont très simples afin de réaliser une étude pragmatique, adaptée aux consultations pédiatriques tout-venant et à la pratique de la PMI.

L'exploitation des données sera faite en partenariat avec les Observatoires Régionaux de la Santé (ORS).

Les résultats de la phase de faisabilité –qui s'est déroulée de 2002 à 2004 sur trois départements pilotes (Aude, Gard et Hauts-de-Seine)- permettent de conclure :

---

[5] Nombre d'enfants suivis en PMI : 25% (en moyenne) de la population générale ; en ne comptant que sur ¼ de cette population, on aboutit, pour atteindre l'échantillon requis, à 3 ans d'inclusion dans l'ensemble des départements partenaires.

- que la formation des médecins et l'application du protocole n'ont pas induit une surestimation de l'incidence des troubles graves de la communication ;
- à la fiabilité de l'inclusion : le nombre de « perdus de vue » n'excède pas 25 % ;
- que le déroulement de la recherche a fourni aux médecins-chercheurs un soutien pour la prise en charge des troubles précoces de la relation tout-venant.

L'ensemble de ces résultats, ainsi que l'accompagnement des équipes au travail - sous la forme des Séminaires sur la Clinique du Bébé qui s'ouvrent dans plusieurs de nos régions partenaires (Dijon, Carcassonne, Marseille, Pointe-à-Pitre) et des parutions régulières des Cahiers de PREAUT- nous permettent d'envisager avec enthousiasme le démarrage de la phase opérationnelle qui se met en route actuellement.

Réflexions de psychothérapeutes de formation psychanalytique s'occupant de sujets avec autisme

Après la publication des résultats d'une expérience sur les aires cérébrales concernées par le traitement de la voix humaine chez cinq adultes avec autisme

Par Hélène Gervais, Monica Zilbovicius et coll., août 2004

Réflexions rassemblées par
Geneviève HAAG[6],
Psychanalyste, Paris

Cette expérience[7] porte sur cinq adultes avec autisme ayant « développé les capacités de la parole » et huit sujets normaux auxquels on fait entendre un enregistrement alternant la voix humaine et des sons d'autres origines. L'activation des différentes aires de tout le cortex du cerveau est enregistrée par IRM fonctionnelle. Les sujets normaux ont une activation bilatérale du sillon temporal supérieur plus grande à l'audition de la voix qu'à celle des sons non vocaux. L'un des cinq sujets avec autisme a une activation unilatérale droite de ce sillon. Un autre a une petite activation juste en dehors de lui. Les trois autres n'ont pas d'activation plus grande à l'audition de la voix. Après l'IRM, il a été demandé à tous les sujets d'énumérer les sons entendus : les sujets normaux indiquent que 51 % du total des sons ont une origine vocale (la réponse exacte étant 50), les sujets avec autisme n'en indiquent que 8,5%, c'est-à-dire que tout de même 17 % des sons d'origine vocale sont reconnus comme tels.

Le communiqué de l'INSERM (19/08/04)[8] selon lequel cette expérience « révèle une incapacité des autistes à activer les aires

---

[6] Je remercie Michel Haag pour sa relecture de ce texte et ses suggestions.

[7] Les deux pages de sa publication en anglais sont accessibles par l'obligeance de l'auteur à: « zilbo@shfj.cea.fr »

[8] Une page accessible par « presse @tolbiac.inserm.fr »

cérébrales spécifiques de la reconnaissance de la voix humaine » comporte ainsi une généralisation à tous les sujets avec autisme de l'expérience, ce qui, on vient de le lire, est inexact, et même une généralisation « aux autistes » alors que ces 5 sujets ne constituent manifestement pas un échantillon représentatif (leur âge moyen est 27 ans ; ils utilisent la parole). Un tel communiqué a induit de nombreuses répercussions médiatiques à leur tour inexactes titrées par exemple : « Autisme : la confusion des sons », « Le cerveau des autistes hermétique à la voix », ou causalistes de façon réductrice : « Une anomalie cérébrale empêcherait les autistes d'identifier la voix humaine ». Faisons remarquer que si les sujets avec autisme participant à l'expérience avaient développé la parole, c'est qu'ils n'avaient sans doute pas été constamment non réceptifs à la voix humaine.

Ne serait-il pas intéressant de faire parallèlement le point sur l'histoire du développement et l'état clinique actuel de chacun de ces sujets ainsi que sur les résultats de divers tests capables d'apprécier la gravité du syndrome et plus particulièrement des troubles de la communication ? C'est peut-être ce que ces chercheurs en neurophysiologie ont déjà fait mais qu'il nous intéresserait de savoir pour pouvoir mettre leurs résultats en regard des nombreux matériaux que nous avons déjà réunis dans nos recherches cliniques concernant les relations, fluctuantes, des sujets avec autisme, surtout enfants et adolescents, au sonore en général et à la voix humaine en particulier

Du côté des psychanalystes, nous avons à communiquer davantage l'état actuel de nos constats, hypothèses et interrogations issus des processus thérapeutiques psychanalytiques, et des observations préalables ou parallèles à ceux-ci que nous recueillons de la part des parents, et des divers intervenants : éducateurs, orthophonistes, psychomotriciens, psychopédagogues, musicothérapeutes et enseignants qui s'occupent conjointement des enfants. Nous pensons de plus en plus important d'échanger entre les cliniciens et les chercheurs en neurosciences et en biologie pour un profit sans doute réciproque, cherchant à réduire le clivage trop fréquent, à nos yeux dommageable, entre le « tout cérébral » et le « tout psychique », entre le « tout éducatif » et le « tout thérapeutique ».

S'il existe encore de ces positions caricaturales malheureusement aussi dans certaines équipes animées par des psychanalystes, en tout cas ceux qui partagent ces réflexions ont été formés et ont eux-mêmes perçu dans leur expérience l'existence de prédispositions (« quelque chose dans l'enfant », disait D. Meltzer dans les années 70) sur lesquelles les généticiens et neurophysiologistes sont en recherches que nous suivons avec intérêt. Cependant les facteurs environnementaux ont aussi leur importance et une malléabilité certaine des sujets avec autisme nous permet, tant sur le plan éducatif que thérapeutique, d'obtenir des évolutions vers le mieux dans la majorité des cas. C'est sans doute aussi l'espoir des cognitivistes en proposant des actions éducatives très précoces, mais nous pensons que le seul abord éducatif ne peut sans doute pas être aussi efficace qu'une approche pluridisciplinaire, d'autant plus que la prédisposition semble toucher tout un carrefour cognitivo-émotionnel et par conséquent les bases du développement de toute la personnalité.

I. Les faits cliniques que nous constatons habituellement :

1) Beaucoup d'enfants autistes par moments semblent ne rien percevoir de la voix humaine, mais à d'autres moments se bouchent les oreilles si l'on commence à leur parler. Nous avons observé, et des enfants nous ont aidés à le confirmer lors de leur démutisation, qu'ils se bouchaient d'autant plus les oreilles que la voix était plus forte et très articulée. C'est pourquoi beaucoup de psychothérapeutes ont appris par expérience qu'il leur faut musicaliser leur voix, voire même chanter leurs commentaires et leurs interprétations pour qu'ils soient acceptés, principalement au début des psychothérapies. Mais certains enfants ayant avancé dans la perception d'un langage porteur de significations peuvent aussi se fermer auditivement devant les risques d'un commentaire touchant particulièrement leurs émotions maintenant différenciées, surtout de tristesse, mais aussi de grand enthousiasme. Par contre dans des étapes d'excitation maniaque survenant souvent au cours même d'une évolution positive, le plus apaisant semble être d'utiliser une voix grave, lente, la plus neutre possible.

Chez les enfants non parlants, mais utilisant le langage préverbal des gestes pour tenter de communiquer leurs angoisses corporelles et spatiales, nous avons souvent constaté qu'ils étaient très ouverts à écouter notre reconnaissance et notre verbalisation de leurs démonstrations, qu'ils répétaient avec insistance jusqu'à ce que nous ayons clairement traduit en mots leur « langage corporel ». Comment le comprendre ? Beaucoup ont manifestement acquis une compréhension du langage parlé, mais ne semblent écouter que si l'on rejoint leurs préoccupations centrales, mais en évitant de parler trop directement de leurs émotions car alors ils n'écoutent plus, semblent sourds, peut-être comme nous nous rendons sourds à une émission radio que nous avons laissée ouverte mais qui ne nous intéresse plus et que nous nous recentrons sur nos préoccupations et rêveries, ou bien comme nous n'entendons plus quand nous sommes en état de choc : que donnerait notre IRM fonctionnelle à ce moment là ? Les enfants autistes, eux, dans de telles circonstances, se récupèrent en se focalisant sur leurs impressions sensorielles, en l'absence d'un monde interne plus construit avec des représentations évoluées. On constate aussi - et Donna Williams, souffrant d'autisme, en parle clairement dans son autobiographie (1992) - qu'ils écoutent si c'est autour d'eux que l'on parle d'eux, à cause sans doute du risque toujours présent de débordement émotionnel à la réception de certains contenus, mais aussi au vertige de séparation impliqué par l'adresse directe ; ils écoutent donc mieux les commentaires indirects que l'on peut faire près d'eux les concernant, surtout si l'on veut aborder le monde des sentiments plus différenciés et subjectivés. D. Meltzer, psychanalyste anglais qui nous a beaucoup enseigné (1975), nous conseillait de leur parler et de parler d'eux comme si l'on se parlait à soi-même, ou bien dans le « on » : « Je me demande si... », « On dirait que... ».

Nous avons aussi pu constater qu'un nombre important d'enfants en voie de démutisation commencent par « chanter » ce qu'ils veulent nous communiquer, mais en se servant seulement de la mélodie. Ce sont des enfants qui ont été nourris, en famille ou dans des institutions où l'on a beaucoup développé les moments musicaux, de comptines, chansons mimées, et qui semblent comprendre les mots contenus dans les chansons et se servent de la mélodie de celles-ci comme « lexique » en quelque sorte. A nous d'avoir entretenu notre souvenir des chansons enfantines ! (Haag 1984, 1996).

Il y aurait donc bien une reconnaissance de la voix mais dont l'entrée serait en quelque sorte filtrée avec les exigences d'une suffisante douceur et musicalité, de l'adéquation du contenu à leurs préoccupations, et pour certains que ce soit indirectement que les commentaires de leur vie émotionnelle, de leurs capacités, réussites ou échecs soient tentés.

2) Autre phénomène, resté longtemps énigmatique pour nous : lorsque la communication a été améliorée et notamment le contact du regard plus facile, les enfants se passionnent pour les bruits de tuyaux, et plus particulièrement le gros borborygme de la fin de l'écoulement des lavabos et baignoires, qui auparavant les terrorisaient. Dans le même temps ils semblent plus souvent réceptifs à nos commentaires et ils se mettent à vocaliser beaucoup plus abondamment.

Dans quelques cas, nous avons enregistré la survenue d'hallucinations d'un bruit fort lors du surgissement d'un inattendu dans le déroulement d'une séance, sans qu'il y ait aucun support perceptible de bruit.

II. Nos hypothèses

Pour la première série de ces faits cliniques, nous rejoignons les observations de beaucoup sur l'hypersensibilité des enfants avec autisme aux bruits de machines, aux ambiances trop bruyantes pour laquelle, à notre connaissance, nous n'avons pas encore trouvé d'explication. Peut-on penser pour certains au moins à un trouble cochléaire ? Mais nous faisons plutôt l'hypothèse d'un trouble de l'afférentation en relation avec le retrait émotionnel et le démantèlement des sensorialités ci-dessus évoqués, nous faisant nous diriger vers l'existence de troubles de l'attention (Houzel, 2002) : des anomalies de la fonction d'attention ont souvent été évoquées au sujet des enfants avec autisme, mais, pour celle-ci de même, est-ce la cause ou la conséquence de la dysrégulation émotionnelle ? Dans certaines études neurophysiologiques n'a-t-on pas trouvé des anomalies des circuits frontaux-pariétaux (Zilbovicius, 2002) ? N. Bodaert et M. Zilbovicius soulignent, dans le dossier de presse « Autisme 2005-2006 », les connexions des aires étudiées avec le système limbique tenu comme le cerveau des émotions.

Nous pouvons aussi noter que, pour chaque sensorialité, les enfants établissent ce que nous appelons des « clivages », bien étudiés par F. Tustin (1981) : dans le sonore, le clivage entre dur et doux se manifeste entre les sons des voyelles - la partie musicale de la voix -, et le bruit des consonnes - rejetées du côté du « dur ». Mais nous nous réinterrogeons : pourquoi une telle intolérance aux bruits ? Nous avons été très intéressés par les expériences mettant en évidence qu'à l'audition de sons purs les sujets avec autisme activent la région temporale postérieure du cerveau droit, le cerveau émotionnel, alors que chez les sujets sans autisme cette audition est reçue dans la région symétrique du cerveau gauche, celle du langage chez un droitier (Zilbovicius, ibid.) qui intègre ainsi à la fois la musicalité de la voix, le bruit de la parole autrement dit l'articulation consonantique, et la signification des mots..

A noter que nous enregistrons, au cours des psychothérapies, les mêmes démonstrations pour l'œil à œil que pour la pénétration de la voix : pénétration, oui, à condition qu'elle soit suffisamment douce. Nous pouvons penser que les sujets avec autisme traduisent ainsi leur expérience de débordement émotionnel, à commencer par leur choc à l'inattendu, comme une pénétration corporelle violente faisant en quelque sorte « exploser » leur fragile construction identitaire, tout d'abord celle du premier « moi corporel », et aussi exploser momentanément certains secteurs cognitifs acquis. Y aurait-il là aussi, pour la reconnaissance des visages et le décryptage des émotions sur le visage, le même phénomène de détournement dû au débordement émotionnel de la pénétration du regard ? D. Williams dit de cette rencontre qu'elle était engloutissante et lui faisait perdre pendant quelque temps « des pans entiers de significations » (ibid.)

Dans notre expérience, les relations entre le degré de tolérance à la pénétration des bruits ou sons trop intenses et à celle du regard d'une part, et d'autre part la construction de la première étape du moi corporel (sentiment *d'entourance*, d'enveloppe avec son corollaire de noyau d'attache interne, lequel est sans doute à rapprocher du sentiment de cohérence interne dont le défaut chez les sujets avec autisme est bien souligné dans les travaux cognitivistes) sont étroites ; la pénétration du regard, une fois dédramatisée, est démontrée être un facteur important de la formation de l'enveloppe (Haag, 2000). Lorsque l'enfant a stabilisé ce sentiment « d'entourance », qu'il est « dans sa peau », la diminution ou disparition des stéréotypies en étant l'un des principaux résultats, l'intolérance aux bruits de machines variés disparaît ou s'atténue considérablement.

Pour la deuxième série de faits, une hypothèse se fait jour depuis une quinzaine d'années à partir de travaux psychanalytiques sur la naissance d'une perception existentielle très primitive dans le sonore prénatal (Maiello, 1991, 1998). Cette racine prénatale du problème du sonore nous est apparue très importante. Les traitements nous ont aidés à la cerner de la manière suivante qui nous semble toujours en lien avec ce problème de dysrégulation émotionnelle. Toujours en contrepoint avec les repérages développementaux, il semble qu'une certaine naissance du sentiment d'existence se produirait à partir du 4è mois de la vie prénatale dans la perception différentielle entre les rythmes réguliers des bruits du cœur et le surgissement de l'aléatoire de la voix maternelle (Maiello, ibid). Les enfants autistes nous ont montré qu'ils avaient établi une analogie entre la voix humaine et les bruits des tuyaux, donc probablement les borborygmes intestinaux, autre bruit aléatoire perçu in utero. Il semble que ces deux aléatoires aient été rejetés en même temps (cf. troubles de l'écoute de la voix décelés très tôt chez les bébés à risque autistique). Lorsque, dans le processus thérapeutique, ils reprennent confiance dans la communication après atténuation de beaucoup de leurs peurs (angoisses corporelles d'engloutissement, de chute, de liquéfaction) grâce à la compréhension que nous leur en proposons et que très souvent ils reçoivent, ils prennent un plaisir très grand à l'audition des borborygmes des écoulements de lavabos ; ils nous entraînent vers un moment de plaisir partagé, en attention conjointe en quelque sorte, de ces mêmes bruits, ou parfois d'autres jolies rythmicités sonores, par exemple obtenues en faisant résonner des gouttes d'eau sur un récipient renversé, et en même temps ils reprennent plaisir aux échanges vocaux (Haag, 2005). Comment le comprendre ? Est-ce que le « sameness » (recherche d'immuabilité) de L. Kanner, en lien probable avec la non régulation émotionnelle faisant fuir justement tout aléatoire, serait déjà à l'œuvre ? Là où cette perception, chez le fœtus sans problème, installe au contraire les racines prénatales de l'échange émotionnel (de « type chant et danse » dit S. Langer citée par Meltzer, 1984), en même temps que des sursauts de perception-conscience et par là même d'un noyau très primitif d'identité/altérité, ici se produirait un détournement de la voix humaine bloquant l'un des deux principaux canaux d'échanges émotionnels périnataux (Trevarthen, 1989), ramenant ainsi à cette hypothèse de la fragilité au débordement émotionnel dès la vie prénatale, et plus particulièrement au débordement émotionnel à l'inattendu. Du côté neurophysiologique et en liaison avec ces réactions au changement, à l'inattendu, signalons la communication de C. Barthélemy au récent congrès « Psy et système nerveux central » (Cité des sciences, nov. 2004) : la réponse électrophysiologique appelée Mismatch Negativity/négativité de discordance lors de la survenue, rare et imprévue, d'une stimulation différente au sein d'une séquence de stimulations auditives jusque là répétées de façon régulière, se révèle chez l'enfant avec autisme très différente, traduisant « le déclenchement très précoce par la stimulation déviante d'une activation enregistrée au niveau frontal gauche ».

III. Rassemblement de nos questions à l'adresse des chercheurs en neurophysiologie.

Nous sommes naturellement bien assurés, quelle que soit la disqualification, courante dans les médias, à l'encontre des psychanalystes qui auraient ignoré le cerveau, qu'aucune de nos opérations mentales, même les plus complexes, n'existe sans le substrat d'un fonctionnement neurophysiologique cérébral et un grand nombre d'entre nous sont très attentifs aux recherches de laboratoire en cours. Mais ne serait-il pas sage de ne pas déclarer cause première de l'autisme la non activation d'aires qui n'est peut-être que la conséquence d'autres dysfonctionnements ? La question est bien posée à la fin de l'article de M. Zilbovicius (2004), mais elle n'est pas reprise dans le communiqué de l'INSERM ni dans les diffusions médiatiques ; en effet, nous pouvons y lire: « Une possible interprétation de ces résultats est que les sujets autistiques pourraient être caractérisés par une déviation attentionnelle vers des sons non vocaux, dans la ligne des découvertes récentes sur la sensibilité accrue à l'intensité sonore chez les sujets avec autisme ; de futures études devront investiguer si ce manque de reconnaissance des stimuli vocaux cause, ou est une conséquence, du pattern anormal d'activation corticale [...] La ressemblance marquée des déficits de traitement de la voix et de la reconnaissance des visages suggère un mécanisme commun sous-tendant ce traitement anormal de l'information sociale[9] » (Gervais, Zilbovicius et coll., 2004)

S'il en est bien ainsi, la question que nous adresserions finalement aux chercheurs maniant l'IRM fonctionnelle serait donc : dans quelle mesure les non activations de ces aires, dont les fonctions spécifiques sont de plus en plus répertoriées – mais relativement modelables par l'expérience cf. plus loin C. Vidal – ne sont-elles pas des phénomènes transitoires et jusqu'à un certain point réversibles qui pourraient être des réactions en quelque sorte « protectrices » par rapport à ce danger désorganisant du débordement émotionnel, ce qui serait sans doute à rapprocher de l'augmentation des hormones de stress mise en évidence dans une étude menée par S. Tordjman et coll. (1997), laquelle fut aidée cliniquement par l'élaboration d'une « Grille de repérage clinique des étapes évolutives de l'autisme infantile traité », dont, sur le terrain, des praticiens ont à leur tour éprouvé l'utilité (Haag G. et coll., 1995). Nous aborderions alors peut-être certains substrats neuro-hormonaux, de ce que nous appelons « défenses archaïques » en termes psychanalytiques, tel que le « démantèlement » - entendre la dissociation - de l'appareil perceptuel, qui fonctionne en général de façon poly-sensorielle et consensuelle, en ses divers composants sensoriels par relâchement de l'attention (Meltzer 1975), ce qui permet de s'agripper à une lumière, à un son, à un vertige labyrinthique etc. ; ce faisant, la perception des corps et des choses dans leur globalité et leur individualité formelle est annulée et par conséquent la perception de la séparation des uns et des autres. On peut voir aussi des clivages plus évolués : sons purs/bruits ou émotions/représentations comme en témoigne D. Williams quand elle parlait de combattre pour la séparation entre son intelligence et

[9] Souligné par nous car cela rejoindrait nos hypothèses ci-dessus énoncées.

ses émotions, clivage très connu des psychanalystes dans d'autres structures psychopathologiques.

Ne serait-il pas intéressant, dans le projet annoncé par M. Zilbovicius d'expériences semblables chez des enfants, d'établir s'il y aurait corrélation entre l'activation ou non de ces aires réceptrices de la voix et les progrès des enfants autistes en communication ? Il serait important de mentionner quels types de traitements leur ont été proposés, car nous doutons que des programmes purement rééducatifs entrepris dans la perspective d'aires cérébrales à activer comme le conclut hâtivement le communiqué de l'INSERM[10], puissent aboutir à d'aussi bons effets que la conjonction d'abords éducatifs et psychothérapiques travaillant parallèlement cette fragilité émotionnelle et l'acquisition progressive des représentations normales du moi corporel. C'est là notre expérience pour un grand nombre de cas.

Mais nous concevons bien que ce retrait de la réception de la voix, inhibant les frayages vers l'aire concernée, s'il commence dès la vie pré et postnatale, époque où le cerveau continue à se développer intensément, puisse entraîner un véritable appauvrissement de substance cérébrale, rendant compte des résultats de l'IRM morphométrique publiés par M. Zilbovicius en 2002 à savoir « une diminution bilatérale de la substance grise localisée dans la région temporale supérieure ». Dans quelle mesure des suppléances sont-elles possibles dans les prises en charge plus ou moins tardives ? Peut-on imaginer une prévention par une action précoce y compris prénatale en cas de circonstances stressantes patentes ou «dépressogènes » tarissant cette modification universelle de la voix maternelle ou paternelle qui sous-tend les dialogues émotionnels périnataux, le « mothering » traduit en français par « mamanais » (Trevarthen, 1981), tarissement qui serait un facteur environnemental ne pouvant qu'aggraver les facteurs de prédisposition d'ordre génétique en cours de recherche ?

D'autres questions surgiraient sans doute de rencontres entre chercheurs cliniciens et expérimentateurs en imagerie et biologie que, pour notre part, nous continuons à souhaiter car elles ne pourraient qu'être favorables à ce que les uns et les autres nous nous efforçons de faire pour les sujets souffrant d'autisme et par conséquent pour leurs familles. Ce devrait être facile, à lire Catherine Vidal, neurobiologiste, directrice de recherche à l'Institut Pasteur : « Nul ne conteste l'immense

---

[10] « La mise en évidence de ces déficits perceptifs pourrait permettre l'élaboration de stratégies de rééducation visant à induire un traitement spécifique des informations vocales et faciales, traitement qui semble ne pas s'être développé spontanément chez l'autiste ».

apport de l'imagerie cérébrale, qui permet de voir le cerveau vivant [...] au cours d'opérations mentales. Ces études ont aussi montré l'importance de la variabilité individuelle dans le fonctionnement du cerveau. Pour une fonction donnée, des régions sont activées en commun, régions incluses dans des réseaux qui diffèrent d'un individu à l'autre. La formation de ces réseaux est largement dépendante de l'expérience de chacun [...] Par exemple, la zone de reconnaissance des visages n'a qu'une spécialisation relative. Si l'on entraîne les sujets à distinguer des oiseaux, des voitures, et même des objets abstraits, la région déterminée pour reconnaître les visages s'active tout autant ! [...] Difficile d'imaginer plus belle démonstration des mécanismes de plasticité cérébrale en fonction de l'expérience. [...] A l'évidence, la prudence s'impose dans l'interprétation de l'imagerie cérébrale » (Vidal, 2003).

Là se placerait la discussion sur la relation que l'on pourrait faire entre ce qui a été appelé déviation attentionnelle dans cet article de Nature Neuroscience, et la notion psychodynamique d'investissement ou non investissement. Pour ce qui est des sujets avec autisme, nous avons de toute façon à comprendre encore mieux, les uns avec les autres, le déterminisme de cette sorte de détournement des investissements humains fondamentaux de la voix et du visage, mais dans le respect, évidemment très souhaitable, des apports et des réalisations thérapeutiques de chacun, que le courant psychodynamique, pour sa part, cherche constamment à améliorer.

Contact et copyright : Dr G. Haag, 18, rue Emile Duclaux, 75015 Paris.

Ce texte ayant un double caractère, scientifique et d'engagement dans un débat socio-professionnel en cours, paraît parallèlement dans le Carnet Psy de mars 2005 et dans la Revue française de psychosomatique N° 27.

Se sont associés à ces réflexions les professionnels suivants en charge de sujets avec autisme, psychothérapeutes, consultants, animateurs d'équipes, et des chercheurs dans divers champs expérimentaux : Simonetta Adamo, Pr. fac. méd., psychothérapeute Associazione Italiana Psicoterapia Psicanalitica Infantile (AIPPI) ; Martine Agman, pédopsychiatre, psychanalyste, médecin-directeur de l'Hôp. de jour l'Epi, Paris ; Brigitte Algranti Fildier, pédopsy. psychan., praticien hospitalier, Chaville (92) ; Dr Heidy Allegaert, ABOBEBE (Bruxelles) ; Anne Alvarez, former co-Chair Professional Committee, Tavistock Clinic, Autism Workshop ; Pr Michel Amar, Unité univ. pédopsychiatrie, CHU Nantes ; Dr Pascale Ambroise, prat. hospit. hôp. de jour La Colline Meaux 77) ; Dominique Amy, psycho., psychan. (Collège psychanalyse groupale et familiale), Courbevoie (92) ; Annette André, psycho., psychothér. ITTAC (Villeurbanne (69) ; Jacques Angelergues, psychiatre psychan., Centre A. Binet ; Joëlle Austruy, pédopsy. CMP Fontainebleau (77) ; Dominique Arnoux, pédopsy., psychan. (SPP), médecin-dir. Inst. Claparède, Neuilly (92) ; Cléopâtre Athanassiou, psychan. (SPP), Paris ; Prunelle Aziosmanoff, psycho., psychothér., Montreuil (93) ; Armelle Barral, psycho. psychothér., CMP Noisy-le-Sec, intersecteur pédopsy. Seine St-Denis ; Paul Barrows, Lead Clinician, Child and Adolescent Mental Health Service, United Bristol Healthcare Trust, Chair of the Association Infant Mental Health (UK), Editor Newsletter World Association Infant Mental Health ; Hervé Benhamou, psychiatre psychan., C. A. Binet ; Maurice Berger, chef serv. psychiatrie CHU St-Etienne (42) ; Paul Bizouard, Pr psychiatrie enf. et adol., chef serv. psychiatrie infanto-juvénile CHU Besançon (25) ; Marie-Pierre Blondel, psychiatre psychan. (SPP), C. A. Binet et Fondation Rotschild ; Vincenzo Bonaminio, psicoan. (Società Psicoanalitica Italiana) ; Aïcha Boumaza, psycho. psychothér. (inscrite à l'Inst. SPP), Fondation Vallée, Gentilly (94) ; Arielle Bouvet, psycho., IME St-Martin-du-T. (95) ; Patrick Brossais, IMP Champrosay (91) et Paris ; André Bullinger, Pr hon., Univ. Genève ; Nicole Cadaux-Marty, psycho. psychothér. (AMPPEA), Toulouse ; Bernard Cadet, pédopsy., F. Vallée ; Sandrine Calmettes, psychiatre, psychan. (Ass. lacanienne internat.), chef dépt infanto-juvénile Fondation Croix St-Simon (Paris) ; André Carel, psychiatre (ITTAC), psychan. (SPP) ; Patrick Caron, psychiatre psychan., C. A. Binet ; Martine Caron-Lefèvre, psychiatre psychan., C. A. Binet ; Laurence Carpentier, pédopsy., psychothér. (Guidance infant. Toulouse) ; Isabelle Cartier-Bresson, psychothér., CMPP, Hôp. j. Mantes (78) ; Marthe Cartier-Bresson, psychan. (SPP) ; Marie-France Castarède, Pr psychopath. Univ. Besançon, psychan. (SPP) ; Elisabeth Castex, psychiatre, psychan. (SPP) ; Hélène Causse, pédiatre, pédopsy., psychothér. (IVe Groupe), Paris ; Géraldine Cerf de Dudzeele, psycho.-psychan., Hôp. j. Epi, Paris (14e); Brigitte Cers, psycho. psychothér., Conflans (78) ; Catherine Chollet, prat. hosp. (Toulouse) ; Abram Coen, psychiatre, psychan. (Espace analytique) ex-chef service psychiatrie enfant et adol., Enghien (95) ; Alexandra Colinet, psycho. psychan. (SPF), Paris ; Geneviève Coudin, psycho. libérale, Paris ; Graciela Crespin, psychan., Paris, co-fondatrice de PREAUT (Assoc.Lacanienne Int.) ; Marie Noëlle Cseznowiska, psycho. psychan. (SPP) ; Annick Cukierman, psychiatre, psychan. (SPP), Charenton (92) ; Laurent Danon-Boileau, psychan. (SPP), Pr linguistique Paris V ; Elena Dargenton-Aronovitch, psycho. psychan. (SPP), Paris ; Suzanne Deffin-Cunha, psycho., psychan. (SPP), fondatrice du Centre prévention pour tout-petits hôp. de Lagny (77) ; Françoise Delbos, psychan. psycho., CMPP, Mantes (78) ; Pierre Delion, psychan., Pr pédopsychiatrie, CHU Lille ; Isabelle Delsol, pédopsy. (G. inf. Toulouse) ; Maurice Despinoy, psychiatre, psychothér., Marseille ; Bernard Dewitte, pédopsy., psychan., CAMSP, Tourcoing (59) ; Dominique Deyon, psychiatre psychan., Unité R. Diatkine ASM 13e ardt Paris ; Dominique Dill, psycho., psychothér. (ITTAC) ; Catherine Druon, psychan. (SPP), Paris ; Hélène Dubinsky, psychothér., The Tavistock Clinic Teaching Staff ; Louis Edy, pédopsy., Paris ; Bertrand Etienne, psychiatre psychan., hôp. j. adolescents ASM 13e ardt ; Julien Faineteau, psycho., CMPE-CSA, Cholet ; Catherine Fayard, psychan. (SPP) ; Françoise Feder, psycho. F. Vallée, psychan. (SPP) ; Sylvie Ferry, psychothér., CMPP Mantes (78) ; Orlando Fialho, pédopsy., psychan. (IPA), Lausanne ; Dominique Fischesser, prat. hosp. intersecteur 7 Hauts-de-S.) ; Anne Foïs, psycho., psychan., Orsay (91) ; Jacques Fortineau, ex-président Fédération fr. psychiatrie, ex-chef service hôp. Esquirol, psychan. (SPP) ; Daniel Frydman, psychiatre-psychan., médecin-chef IMP Champrosay (91) ; Philippe Gabbai, neuro-psychiatre, dir. hon. Fondation John Bost à La Force, formateur dans le champ de l'autisme (particulièrement pour adol. et adultes), Nîmes ; Anna Maria Galdo, psychan. Società Psicanalisi Italiana, Naples, didacte AIPPI ; James Gammill, psychan. adulte et enfant (Société britan. psychanalyse), formateur à la psychanalyse adulte et enfant en France, nombreuses activités enseignantes en milieu universitaire et auprès d'équipes soignantes ; Maya Garboua, psycho. psychan., C. A. Binet ; Simone Gerber, pédiatre, psychothér., Strasbourg ; Paola Giusti, psychothér. AIPPI, Naples ; Bernard Golse, psychan., chef service pédopsychiatrie Hôp. Necker, Pr psychiatrie enfant et adol. Univ. Paris V ; Catherine Graindorge, Pr psychiatrie enfant et adol. Paris XI, chef service F. Vallée, psychothér. (inscrite à l'Inst. SPP) ; Janick Guerlesquin, psycho. psychothér., intersecteur Morbihan Ouest, Hôp. Charcot, Caudan (56) ; Béatrice Guevel, psycho. psychothér., CMPP Mantes, Epinay (78) ; Christian Guibert, responsable Hôp. de j. et I.M.E., Châlon (71) ; Jean-Marc Guilé, psychodramatiste, psychiatre des hôpitaux, médecin-dir. du CCCA, Crépy-en-Valois (60), Assoc. La Nouvelle Forge et Univ. de Montréal ; Jacques Hochmann, Pr émér. psychiatrie enfant et adol., psychan. (SPP), Lyon ; Didier Houzel., psychan. (APF), Pr pédopsychiatrie, CHU Caen ; Denise Huon, psycho., psychan. (IVe Gr.) ; Françoise Jardin, psychiatre psychan. (SPP), Paris, prés. Assoc. Pikler Loczy France ; Nicole Jaucourt, psychothér., Versailles ; Nagib Khouri, psychan. (SPP), Paris ; Trudy Klauber, Dean of Post-Graduate Studies,

Tavistock, former Dir. of the Winnicott Center ; Marie-Blanche Lacroix, pédopsy., psychan. (SPP), Toulouse ; Monique Lachkar, psychiatre, CMPP Mantes (78) ; Céline Lallier, psycho. psychothér., intersecteur pédopsychiatrie Corrèze (19) ; Didier Lambert, pédopsy. psychan., chef service hôp. Marius Lacroix, La Rochelle (17) ; Marie-Christine Laznik, psychan., C. A. Binet, co-fondatrice de Préaut (Assoc. Lacanienne intern.) ; Dr Bianca Lechevalier, psychan. (SPP), Caën ; Dr Florence Leclerc, psychan. (SPP), Paris ; Edith Lecourt, Pr psychopath. Univ. Paris V, vice-prés. de la FAPAG ; Marie-Françoise Lefèvre, pédopsy. psychan., C. A. Binet ; Eric Lefort, psycho. psychan., intersecteur pédopsychiatrie Corrèze (19) ; Laurence L'Hostis-Lelouarn, psychiatre, IMP Champrosay (91) ; Béatrice Lehalle, pédopsy., psychan. (SPP), Paris ; Anne-Yvonne Lenfant, pédopsy. responsable hôp. de j., Lille ; Ann Levy, psycho., psychan. (SPP) ; Albert Louppe, pédopsy., psychan. (SPP), Paris ; Suzanne Maiello, psychothér.-psychan. (AIPPI), Rome ; François Marty, psycho., psychan., Pr psycho. clin. et pathologique Univ. Paris 5 ; Susanna Messeca, psychothér. (AIPPI), Naples ; Laurent Metzger, pédopsy.- psychan., chef service St-Egrève (38) ; Nathalie Mineau, psychothér., doctorante en autisme, Centre ressource autisme, Limoges ; Grazia Mineo, psychothér. (AIPPI), Rome ; Françoise Moggio, pédopsy. psychan. (SPP), médecin-chef intersecteur 75 I01- C. A. Binet ; Hubert Montagner, Pr des Universités, dir. Inserm, Bordeaux ; Jean Morali, médecin-dir. CMP de Versailles (78) ; Dominique Morel, pédopsy., C. A. Binet ; Tiziana Muratori, psychothér., CMPP Mantes (78) ; Francis Moreno, psycho. psychan. (Espace analytique), Paris ; Gérard Noir, pédopsyUB (Paris) ; Michel Ody, psychiatre psychan. (SPP), C. A. Binet ; Silva Oliva, psychothér. (AIPPI), Rome ; Lisa Ouss, psychiatre psychothér., Hôp. Necker, Paris ; Fiorella Pascale, psychothér. (AIPPI), Naples ; Anne-Sylvie Pelloux, prat. hosp., 1er intersecteur Val-de-Marne ; Maria Peluso, psychothér. AIPPI, Naples ; Roger Perron, psychan. (SPP), dir. honor. CNRS ; Diomira Petrelli, psychan. didacte AIPPI, Naples ; Fabienne Pinilo, psycho., Foyer Bois des Saules (autistes adultes) Plaisir (78), Sésame Autisme Yvelines ; Marie-Pierre Pougnet, psycho., psychothér., Vélizy (78) ; Pierrette Poyet, psychan., Blois ; Régine Prat, psycho.-psychan. (SPP), Bièvres (91) ; Rémi Puyuelo, pédopsy., psychan. (SPP), Toulouse ; André Récapé, psychiatre psychan. (SPP), G. inf. Toulouse ; Véra Renz, psychan. (SPP), Paris ; Dominique Réyé, psychiatre, IMP Champrosay (91) et Clinique de l'Isle, Crosne (91) ; Monique Réyer, psycho. psychan. (SPF), Paris ; Maria Rhode, Pr à la Tavistock et à l'East London University, psychothér. ; Denys Ribas, pédopsy., psychan. (SPP), Paris ; Marie Riuz, psychiatre, G. inf.,

Toulouse ; Patricia Rochut, psycho. psychothér. (inscrite à l'Inst. SPP), Montereau (77) ; Martine Rotcejg, psycho., psychan. (SPP), F. Vallée ; Sophie Rougeot, psycho., psychan., Fond. Vallée ; René Roussillon, Pr psychopath. Univ. Lyon II, psychan.(SPP) ; Margaret Rustin, Chair of the Professional Committee, Tavistock ; Henryk Rybak, psychiatre, psychan. Inst. E. Claparède ; Anna Sabatini, psychothér. (AIPPI), Rome ; Serge Salabelle, psychiatre, hôp. de Meaux (77) ; Rosella Sandri, Dr psychologie, psychothér. (Bruxelles) ; Yaël Shavit, psycho., psychan. (Paris) ; Alain Sombret, psychiatre psychan. (SPP), Paris ; Michel Soulé, Pr hon. psychiatrie enf., Univ. Paris V, fondateur hôp. j. enfants psychotiques, Inst. puériculture, Paris ; Hélène Stork, neuropsychiatre, Pr émér. Psychopath. clinique Univ. Paris V ; Hélène Suarez-Labat, psycho., psychothér. (inscrite à l'Inst. SPP), Paris ; Claire Synodinou, psycho. psychan. (SPP), Pr psychopath. à l'Univ. du Panteion, Athènes ; Gérard Szwec, pédopsy., psychan. (SPP), dir. psychosomat. Enf. (IPSO) ; Claude Tabet, pédopsy., psychothér., chef service, Hôp. de Lens (62) ; Giuliana Tessitore, psychan. SPI, Naples ; Catherine Thépin, psycho. psychothér., Paris ; Jean-Michel Thurin, psychiatre, psychan. (Ecole de psychosomatique), Paris ; Bernard Touati, pédopsy. psychan., C. A. Binet, intersecteur 13e ardt ; Christine Touzé, pédopsy., Paris ; Jacques Touzé, psychiatre psychan., Paris ; Jacqueline Tricaud, psycho. psychan. (SPP), Versailles ; Sylvia Trinché, psycho. psychothér., service pédopsychiatrie, Dieppe (76) ; Simone Urwand, Dr psychologie, psychothér., Paris ; Dr Anne-Marie Vaillant, psychothér., prat. hosp., intersecteur Corrèze ; Dr Annette Watillon-Naveau, ex-prés. Société belge psychanalyse et prés. ABOBEBE (Bruxelles) ; Bernard Wielgo-Polanin, psychothér., CMPP Mantes ; Gianna Williams, The Tavistock Clinic Teaching Staff ; Biddy Youell, Head of Training, Northern Training School for Child Psychotherapy. Liste non close, arrêtée au 17/02/05 à laquelle on peut se joindre en écrivant à G. Haag, 18, rue Emile Duclaux, 75015 Paris.

Certains de ces signataires et d'autres collègues se sont groupés en une coordination internationale entre psychothérapeutes de formation psychanalytique s'occupant du traitement des enfants avec autisme, qui a déjà tenu deux réunions à Paris. Pour s'y joindre, écrire soit à D. Amy, 10, rue Carpeaux, 92400 Courbevoie, soit à G. Haag, adresse ci-dessus.

Références des publications citées

Gervais H., Belin P., Boddaert N., Leboyer M., Coez A., Sfaello I., Barthelemy C., Brunelle F., Samson Y., Zilbovicius M. : (août 2004) *Abnormal cortical voice processing in autism,* Nature Neuroscience, volume 7, number 8, July p. 801-802

Haag G. (1984), *Réflexions sur certains aspects du langage d'enfants* autiste*s en cours de démutisation*, Neuropsychiatr. Enfance Adolesc ; 32 (10-11), 539-544.

Haag G. (1995), Tordjman S., Duprat A., Cukierman A., Druon C., Jardin F., Maufras du Chatellier A., Tricaud J., Urwand S. (1995 f), : *Présentation d'une grille de repérage clinique des étapes évolutives de l'autisme infantile traité*, Psychiatrie de l'enfant, 38, 2., p. 495-527.

Haag G. (1996), *Réflexions sur quelques particularités des émergences de langage chez les enfants autistes*, Journal de pédiatrie et de puériculture, Vol. 9, n° 5, p. 261-264.

Haag G. (2000), *Mise en perspective des données psychanalytiques et des données développementales (concernant l'autisme)*, Neuropsychiatr. Enfance Adolesc ; 48 : 432-40.

Haag G. (2005), *L'enfant autiste et l'objet sonore prénatal*, à paraître dans *Le Partage vocal originaire*, M. F. Castarède, Ed., Erès.

Houzel D. (2002), *L'aube de la vie psychique*, Paris, E.S.F.

Maiello S. (1991), *L'Oracolo, Un 'esplorazione alle radici della memoria auditiva, Analysis*, Rivista Internazionale di psicoterapia clinica, Anno 2 N.3, p. 245-268, trad. fr. *L'objet sonore. L'origine prénatale de la* **mémoire auditive ; une hypothèse,** Journal de la psychanalyse de l'Enfant, n° 20, p. 40-66.

Maiello S. (1998), *Trames sonores et rythmiques primordiales* - Bulletin du Gerpen, vol. 39, p. 2-24, 38, avenue Ardoin, 94420, Le Plessis Trévise, Tél./Fax : 01.45.94.16.30.

Meltzer D. (1975), *Explorations in Autism, Roland Harris Trust,* Clunie Press, trad. fr. G. et M. Haag et coll. *Explorations dans le monde de l'Autisme,* Paris, Payot, 1980.

Tordjman S. et coll. (1997), *Plasma endorphin, adreno-corticotropin hormone, and cortisol in Autism,* Journal of child psychology and psychiatry, vol. 38, p. 705-716.

Trevarthen C. (1989), *Les relations entre autisme et développement socioculturel normal : arguments en faveur d'un trouble primaire de la régulation du développement cognitif par les émotions*, dans : G. Lelord ; J.P. Muh, M. Petit & D. Sauvage (dir. publ.), *Autismes et troubles du*

développement global de l'enfant, Paris, Expansion scientifique française, pp. 56-80.
Tustin F. (1981), *Autistic States in children,* London, Routledge and Keagan Paul, trad. fr. *Les états autistiques chez l'enfant*, Paris, Seuil, 1986.
Vidal C. (2003), *Des gènes de la morale ?* in *L'Empire des gènes*, Sciences et Avenir, hors série.
Williams D. (1992), *Nobody Nowhere*, Londres, ISBN, trad. fr. F. Gérard, *Si on me touche, je n'existe plus*, Paris, Robert Laffont.
Zilbovicius M. (2002), *L'imagerie cérébrale et l'autisme infantile,* Document Fondation France Télécom, consultable sur http://autisme.ocisi.net/front/travail.asp?id_contenir=145

D'un dialogue possible entre neurosciences et psychanalyse autour des traumatismes transgénérationnels repérés dans les psychoses infantiles

Jean Pierre MUYARD
Psychiatre-Psychanalyste
Chef de service de l' Intersecteur de psychiatrie infanto-juvénile
A.S.M. 11300 Limoux France

La psychiatrie et la psychanalyse confrontées aux découvertes des neurosciences sont obligées de réexaminer leur statut épistémologique afin d'interroger leur spécificité scientifique, de manière à ne pas se laisser absorber par le courant scientiste qui postule que la science médicale serait principalement fondée sur l'analyse objective du fonctionnement interne des mécanismes organiques, biologiques et plus récemment génétiques.

L'acmé de cette position se trouve dans le dernier ouvrage de J.P. Changeux « L'Homme de Vérité », qui escompte, en accord avec Gérard Edelman, établir que la conscience humaine est la résultante terminale de l'évolution et de l'intrication complexe et multifactorielle des réseaux neuronaux du système nerveux central : « Le développement du cerveau humain se caractérise par cette ouverture de l'enveloppe génétique à la variabilité épigénétique et à l'évolution par sélection, celles-ci étant rendues possibles par l'incorporation dans le développement synaptique d'une composante aléatoire au sein des enchaînements de croissance synaptique en cascade qui vont des débuts de l'embryogénèse jusqu'à la puberté » [11]

Cette position pourrait être celle d'un chercheur qui élabore des hypothèses théoriques à confronter à d'autres... Mais une majorité de chercheurs en neurosciences semblent se reconnaître dans les propos du Pr. François Bégon exprimés au congrès « Biologie et conscience » (Paris 25-27 avril 2002) : « Les neurosciences sont le socle de la psychologie, de la neurologie et de la psychiatrie ».

Ainsi, d'une hypothèse après tout acceptable, on passe à une quasi-certitude appuyée seulement sur des faits expérimentaux forcément partiels à partir desquels G. Edelman effectue une sorte de prise de

---

[11] J.P. CHANGEUX, *L'Homme de Vérité*, O. Jacob, Paris, 2002.

pouvoir sur toutes les autres sciences : « Nous sommes au début de la révolution des neurosciences. Lorsqu'elle sera achevée, nous saurons comment fonctionne l'esprit, nous comprendrons ce qui régit notre nature et aussi comment nous faisons pour connaître le monde. En fait, ce qui se passe actuellement en neurosciences peut être considéré comme le prélude à la plus grande des révolutions scientifiques, une révolution aux répercussions sociales inévitables et fondamentales »[12]

Face à cette position hégémonique, notre propos est d'apporter au débat des données cliniques et théoriques qui démontrent que le corps n'est pas seulement une *machine* à décortiquer et que le cerveau n'est pas seulement un *ordinateur*, quel que soit son degré de complexité. Une recherche scientifique sur la pensée humaine et ses dérives, la « folie », ne peut être qu' épistémologique et non neurobiologique...

En effet, les tentatives de synthèse des différentes disciplines qui travaillent à la connaissance du fonctionnement du cerveau et de l'esprit semblent vouées à l'échec... comme en témoigne une courageuse initiative du MIR (Mission Interministérielle Recherche-Expérimentation) qui a donné lieu à un ouvrage passionnant : « Somatisation : psychanalyse et sciences du vivant ».

Dans la conclusion à sa contribution au débat, John Stewart[13] propose de déterminer un fil conducteur qui relie les différentes disciplines plutôt que de les confronter dans leur différences ou de les valider par leurs résultats « opérationnels ». Il définit ainsi les « structures théoriques communes à la psychologie et à la biologie », à savoir :

- l'existence des niveaux d'organisation biologique et du phénomène d'émergence
- la temporalité et le processus de genèse : processus de fécondation, de développement ,de mort relié à une généalogie
- la problématique de l'hominisation par l'apparition du langage et de la conscience dans l'évolution de la nature.

A ces trois items nous ajouterons, pour introduire la psychanalyse dans le débat, l'émergence de la **parole** dans l'évolution de la nature, support de la conscience humaine.

La psychanalyse peut démontrer que l'effet de « parole » est synchroniquement « matériel » (neuro-physiologique) et « spirituel » (mental et culturel). Ce qui permet de saisir la genèse du **sujet,** qui est à

---

[12] G. EDELMAN, *Biologie de la conscience*, O.Jacob, Paris, 1992, p.11.

[13] J. STEWART, *Somatisation :psychanalyse et sciences du vivant*, Eshel, Paris, 1994, pp. 223-243.

l'intersection des multiples facteurs externes et internes intriqués dans l'ontogénèse, la phylogénèse et l'anthropogénèse (la « complexité »).

Gérard Pommier pose bien le problème dans un oùvrage au titre explicite : « Comment les neurosciences démontrent la psychanalyse »[14], qui permet d'ouvrir débat et dialogue.

Ces questions épistémologiques ont été introduites dès les années 60 par H. Laborit[15] qui a élaboré une méthode de lecture des systèmes vivants et de l'être humain permettant de sortir du dualisme opposant l'organique et le psychologique.

Au-delà du modèle cybernétique qui deviendra le départ des recherches systémiques puis cognitives, Laborit met en oeuvre une pensée qui laisse une place spécifique à la parole humaine et à un inconscient réceptacle des interactions endogènes et exogènes. Grâce à cette « Nouvelle Grille »[16] qui rétablit la place du sujet, de sa famille, de sa « niche environnementale », du fonctionnement de son cerveau, de ses organes, de ses cellules et de son ADN, nous pouvons mettre en perspective les rapports synchroniques et diachroniques de la psychogénèse et de l'organogénèse des comportements et de la pensée humaine... ce qui nous guidera dans la mise en place de stratégies thérapeutiques véritablement individualisées.

Indissociabilité du couple corps-esprit et niveaux d'organisation des systèmes vivants. Conséquence : Soigner un malade et non une maladie

Les neurosciences s'occupent de la maladie...

La majorité des neuroscientifiques postulent que la connaissance des mécanismes génétiques et du fonctionnement des réseaux neuronaux les conduiront à trouver la cause des maladies mentales et de ce fait à découvrir leur traitement. Air connu, car déjà dans les années 60 on nous prédisait la résolution du *problème* de la schizophrénie par la découverte des neurotransmetteurs... Des progrès ont été certes faits, qui ont conduit à la mise au point de nouvelles molécules agissant sur des symptômes parasites, mais qui laissent entières l'énigme de la genèse de la psychose et du mystère du vécu du patient schizophrène.

---

[14] G. POMMIER, *Comment les neurosciences démontrent la psychanalyse*, Flammarion, Paris, 2004.

[15] H. LABORIT, *Réaction organique à l'agression et choc* , Masson, Paris, 1952.

[16] H. LABORIT, *La nouvelle Grille*, R.Laffont, Paris, 1974.

Ne pourrions-nous pas transposer cette réflexion à un autre fléau épidémiologique : la tuberculose ? Cette maladie qui revient de manière endémique et catastrophique, était considérée comme éradiquée grâce à la découverte des antibiotiques spécifiques. Elle est souvent citée comme un succès spectaculaire de la pharmacologie moderne, mais on a pris un facteur déclenchant pour « la » cause. En effet, le B.K. n'est pas la seule cause de la tuberculose : celle-ci, comme l'a très bien démontré René Dubos[17], est la conséquence de multiples facteurs conjugués : le développement industriel du XIX° siècle, les carences alimentaires en protéines, la pollution atmosphérique, le manque d'hygiène... et aujourd'hui, la pauvreté des pays du tiers-monde et le SIDA.

Cette prise en compte des facteurs « externes » et environnementaux est d'autant plus importante en psychiatrie que la pathologie mentale s'exprime à travers des troubles émotionnels ou pulsionnels, donc dans une désorganisation des relations avec les autres et le milieu. Là encore, ces facteurs ne seront pas dans un rapport de causalité... comme ont pu le faire croire certaines écoles de psychanalyse dans les années 60. Il reste malheureusement des traces polémiques de ces positions dans les débats actuels sur l'étiologie de l'autisme.

La psychiatrie et la psychanalyse s'occupent du malade

S'occuper du malade ne signifie pas que le psychiatre restera dans la subjectivité et négligera les facteurs objectifs qui entrent en jeu dans la genèse des troubles psychopathologiques. H. Laborit[18] nous propose pour sortir de cette opposition stérile sujet-objet de partir de la place effective de l'homme qui est d'être au centre du cercle de son horizon, c'est à dire à mi-chemin entre le soleil et l'ADN[19].

Nous sommes en effet un sujet pensant mais aussi un organisme vivant, c'est à dire un « système ouvert » :

1) sur le plan thermodynamique (l'énergie solaire se transmet par la synthèse chlorophyllienne des végétaux aux phosphorylations oxydatives du cytoplasme de chaque cellule...)

2) sur le plan informationnel (l'information n'est ni masse ni énergie même si elle a besoin de ces supports : « l'information n'est qu'information » N .Wiener[20]

---

[17] R. DUBOS, *Man, Medecine and Environment*, Praeger Publishers, New York, 1968.

[18] H. LABORIT, *Du soleil à l'Homme*, Masson, Paris, 1963.

[19] N. WIENER, *la Cybernétique*, Masson, Paris, 1949.

[20] N. WIENER, *la Cybernétique*, Masson, Paris, 1949.

3) la mise en forme de l'information spécifique à l'espèce humaine est évidemment la **parole** qui, enveloppant le bébé dès sa naissance, sera le support du lien parental, mais aussi culturel. L'*infans* accédera au statut de Sujet en franchissant le stade du miroir, point d'accès à l'Autre et à sa parole propre.

Cette ouverture informationnelle du sujet-objet est la conséquence de la structuration de tout être vivant par niveaux d'organisation qui assure une autonomie de l'ensemble au sein du milieu. Le sujet, (organisme et esprit indissociables), est à la croisée des interactions informationnelles venant soit du gène, soit de la cellule, soit des organes, -soit de la famille, du milieu socio-culturel, du contexte géo-climatique ou même cosmique (cycles saisonniers du soleil ou de la lune...)

Les niveaux d'organisation biologique permettent de comprendre comment le sujet occupe l'espace, et comment son comportement conscient-inconscient est l'expression de l' « émergence »[21] à son niveau (global), d'une « information-structure » spécifique à l'espèce humaine, mais aussi singulière pour chaque individu.

La conséquence pragmatique de cette réalité ontologique est que chaque sujet, malade ou non, occupe une place spécifique dans le temps et dans l'espace et se trouve positionné comme récepteur d'énergie et carrefour informationnel.

Il est donc indispensable, pour définir une stratégie thérapeutique, de faire une évaluation de l'état de chaque niveau d'organisation sans privilégier ni l'aspect biologique ni l'aspect psychologique. Ainsi, nous considérerons une perturbation métabolique ou génétique comme la trace du dérèglement du système d'autorégulation global du « couple individu-environnement » et non comme la cause de la maladie. De même, les perturbations relationnelles ou comportementales seront évaluées comme effets et non comme causes des troubles psychologiques. Cette mise à plat des multiples facteurs pouvant expliquer un autisme ou une psychose chez un enfant permet de déculpabiliser les parents, de les entraîner dans une recherche des origines possibles, de les confronter à l'énigme de cette maladie (aussi bien pour eux que pour le psychiatre), et de rechercher ensemble le « sens » de ce « non-sens ».

Pour ce faire, il faut rétablir la dimension temporelle du processus de genèse de la psychose. Et là encore la neurobiologie nous

[21] F. VARELLA, *L'inscription corporelle de l'esprit*, Seuil, Paris, 1993.

apportera à travers les travaux récents sur la mémoire les moyens d'appréhender autrement la notion d'inconscient en psychanalyse.

Mémoire, inconscient et histoire individuelle

Que l'être humain soit considéré comme un *être de parole* ou comme un *être neuronal*... la mémoire imprime synergétiquement la trace corporelle-biologique et les images-émotions singulières pour chacun. Là encore, H. Laborit[22] nous apporte des données expérimentales et interprétatives qui nous permettront de faire le pont entre la phylogenèse et l'ontogenèse afin de mieux comprendre les *ratés* dans l'histoire des enfants psychotiques.

C'est la mise en évidence par Mc Lean[23] de l'existence des « trois cerveaux », qui a permis à Laborit de jeter les bases d'une sémiologie des troubles psychiques fondée sur des données étiophysiologiques cohérentes confirmées par les travaux récents du neurologue américain Antonio R. Damasio [24].

En effet, la distinction :

- cerveau des pulsions (hypothalamus, tronc cérébral)
- cerveau des émotions (système limbique)
- cerveau du mental (néo-cortex)

nous permettrait de mettre en œuvre une nouvelle conception des pulsions susceptible de faire sortir de l'impasse actuelle le dialogue entre psychanalystes, cognitivistes et neurobiologistes. Mais c'est une autre affaire.

Retenons simplement que :

Le **cerveau des pulsions** (hypothalamus et cerveau reptilien) régule les trois comportements primitifs liés à la survie : la faim et la soif, la copulation, la défense du territoire, que l'être humain partage avec toutes les espèces animales, et que le petit enfant expérimente de sa naissance à 3 ans. C'est dire que cette période est cruciale pour le devenir de l'enfant dont la survie, contrairement aux petits animaux vite autonomes, dépendra entièrement de l'environnement nutritionnel, affectif et familial. La satisfaction ou non de ces besoins élémentaires va

---

[22] H. LABORIT, *Inhibition de l'action*, Masson, Paris, 1981.

[23] P.D McLEAN, *Psychosomatic disease and the visceral brain in Psych*, Med II, pp. 338-353.

[24] R. DAMASIO, *Le sentiment même de soi* , O.Jacob, Paris , 1999.

s'inscrire d'après Laborit dans la ***mémoire à court terme*** et déterminera le degré de sécurité intérieure compensatrice de ce manque crucial d'autonomie.

Le **cerveau des émotions** (le système limbique, réceptacle et gestionnaire des mécanismes de la mémorisation), qui apparaît avec les mammifères, enregistrera toutes les expériences affectives du sujet : selon qu'elles sont agréables ou désagréables (système de récompense ou système de punition), qu'elles déterminent la lutte ou la fuite, ainsi que les rapports dominants-dominés. C'est ainsi que se met en place la ***mémoire à long terme***, qui engrammera les souvenirs d'expériences gratifiantes ou douloureuses. Cette mémoire résulte non seulement des mécanismes d'activation et d'inhibition des circuits réticulo-thalamiques mais aussi de mécanismes biochimiques et en particulier d'une synthèse de protéines. Ainsi, chaque traumatisme psycho-émotionnel laisse une trace mémorisée, c'est à dire inscrite dans le corps par un moléculaires...) fonctionnant en réseau, ont une résultante unique et globale exprimée chez le sujet par la ***prise de conscience du fait***. On peut comprendre ainsi que des traumatismes anciens ou enfouis dans la mémoire (et donc inscrits dans une corporéité) puissent être réactualisés en tant qu'« émergence » d'une in-formation (« formé de l'intérieur ») qui oblige à mettre en route, par la médiation d'une interprétation, d'une recherche de sens ou d'une action thérapeutique quelconque, le système d'autorégulation déficient. C'est pourquoi nous sommes conduits dans l'investigation de l'histoire des enfants malades à prendre en considération l'histoire affective de la petite enfance mais aussi celle des parents voire des grands-parents sous les deux formes, celle du roman familial (effet de parole transmis par voie orale) et celle d'un inventaire des évènements traumatiques transgénérationnels.

Le cerveau de la mentalisation (le néocortex) prend chez l'homme un développement considérable dans les régions orbito-frontales, confère à l'espèce humaine une capacité de créer des structures nouvelles : l'imaginaire, le langage parlé, la volonté, et lui a permis l' « émergence » dans l'évolution de la nature, d'un ***sujet conscient d'être***, c'est-à-dire conscient de naître et de mourir. Les recherches anthropologiques confirment que l'émergence de l'humanité au néolithique est concomitante avec l'apparition des rites funéraires. Cette conscience de la mort et ses conséquences sur les expériences individuelles de confrontation avec la mort sera la toile de fond du travail de codage spécifique de protéines. Cette trace peut être inhibée ou activée et réactivée en fonction de l'efficacité des mécanismes d'auto-régulation mis en œuvre par le sujet pour maintenir son équilibre. C'est le principe d' « émergence » décrit par F.Varella[25] qui, appliqué à la mémoire, nous permet de comprendre comment des mécanismes « locaux » (cognitifs, physiologiques, cellulaires, synaptiques), autour de la psychose de l'enfant.

Par ailleurs, les neurophysiologistes contemporains (M. Jeannerot[26], A. Prochiantz[27]) admettent que la propriété majeure du lobe préfrontal est la ***réflexivité*** permettant ***l'intégration*** de toutes les fonctions subséquentes (pulsions, affectivité, mémorisation, programmation des comportements psychomoteurs, linguistiques et leur stucturation temporelle). G. Pommier[28], complète : le cortex préfrontal « permet l'assomption du JE au stade du miroir (...), traduit dans une dimension organique la fonction d'intégration psychique du narcissisme, c'est-à-dire la subjectivation du Moi réflexif... Il apparaît comme la plaque tournante entre le cérébral et le psychique ».

Le « déjà là », la quête des origines et la « bulle » psychotique

L'arrivée au monde d'un enfant réactualise les mythes des origines : l'origine du monde, l'origine de la vie, l'origine de l'être humain... Mais le *déjà-là* est considérable : mémoire de l'espèce, mémoire biologique des comportements d'adaptation au milieu, mémoire ethno-culturelle, mémoire familiale projetée sur le nouveau-né... Toutes ces mémoires s'inscrivent sur une double face indissociable :

- dans la parole transmise consciemment ou inconsciemment par le roman familial
- dans le cerveau qui n'est qu'un outil sophistiqué d' « engrammation » et de gestion des informations issues de la totalité du corps [chaque cellule ayant une mémoire holographique des évènements signifiants susceptibles de laisser une trace suite à une rupture des mécanismes naturels d'autorégulation (traumatismes)]

Derrière cette remarque très générale se cache une question épistémologique essentielle. Comment rendre opérationnelle en pratique médicale l'intrication ontologique de la psychogenèse et de l'organogenèse et la co-naturalité du sujet-objet malade ?

---

[25] F. VARELA, *Autonomie et Connaissance*, Seuil, Paris, 1989.
[26] M. JEANNEROT, *Les fonctions cérébrales in Y. MICHAUX*, O.Jacob, Paris , 2002.
[27] A. PROCHIANTZ, *La Construction du cerveau*, Hachette, Paris, 1989.
[28] G. POMMIER, *op. .cit..* p. 273.

L'enfant n'ayant pas d'autonomie, il est indispensable d'effectuer l'évaluation la plus exhaustive possible du contexte de « débarquement » de cet enfant sur un point précis de la planète terre afin de saisir le ***déjà-là*** qui occupe la place de ce nouvel être. Tout a été dit sur l'environnement langagier, perceptif et psycho-affectif de l' « infans » et sur l'intrication psycho-corporelle (et donc biologique) nécessaire au développement normal de l'appareil psychique du petit d'homme. Mais la référence exclusive aux effets de parole consécutifs à la conception freudo-lacanienne de la pulsion ne permet pas toujours d'accéder, surtout dans la psychose infantile, à la « cicatrisation » nécessaire du traumatisme qui implique la mise en scène d'autres partenaires que l'enfant.

C'est pourquoi la participation des parents à cette enquête-inventaire est indispensable afin qu'ils soient confrontés à la complexité de cette « émergence », et conscients de l'intrication de multiples facteurs. A partir du moment où est évacuée l'illusion d' « une » cause, la place est ouverte à une quête des origines... Le destin de tout être humain commence par le « désir » conscient ou inconscient d'enfant de la part d'un couple ou d'une femme ou d'un homme. La qualité de cette énergie désirante est un des éléments importants à considérer, car l'enfant ultérieurement rappellera toujours à ses géniteurs le souvenir de cet événement.

Cet enfant est inscrit dans une généalogie au sein de laquelle il peut être un objet de projection d'une histoire qui ne lui appartient pas. Cette histoire transgénérationnelle n'aura pas seulement d'effets psychiques à travers les récits retransmis par le roman familial, mais aussi des effets corporels. En effet, la vie intra-utérine établit un rapport physique intime entre l'embryon et la mère... puisque le sang maternel, par le placenta, apporte non seulement la nourriture physique mais aussi une nourriture "émotionnelle". Il n'est pas suffisant de dire que l'état émotionnel de la mère a des conséquences sur le développement du fœtus. Il ne s'agit pas d'un simple effet « psychique » au sens, pour beaucoup, d'« immatériel ». Les travaux récents de neuro-endocrinologie ont mis en évidence que toute « décharge » émotionnelle déclenche des neurosécrétions de certains peptides spécifiques de chaque émotion, que ce soit la colère, la peur, la tristesse ou la joie [29] !

Notons aussi que ces neuro-peptides sécrétés par la mère gestante et transmis au foetus laisseront une trace « informative » sur la totalité des cellules embryonnaires et non pas seulement sur le système

[29] R. GUILLEMIN, *Biochemical and Physiological Correlates of Hypothalamus*, Raven Press, N.Y., 1978.

nerveux central. Cette réalité bio-physiologique devrait conduire à une vision totalement renouvelée de la psychosomatique, puisque l'inscription « corporelle » des dysharmonies émotionnelles commence dès la vie intra-utérine. Ce que la médecine chinoise traditionnelle avait déjà noté dans une grille de corrélation organes-émotions riche et pertinente (cf. loi des 5 mouvements, M. Mussat[30])

Nous comprenons ainsi que l'inventaire des traumatismes ancestraux qui restent en mémoire dans une famille n'est pas seulement une recherche évènementielle, mais aussi une tentative pour conscientiser et amorcer la cicatrisation par « interprétation » ou catharsis des traces des évènements souffrants qui pourraient se réactualiser au cours d'une grossesse, afin que la place du nouvel enfant soit dégagée des projections de situations vécues par les aïeux. Ce qui peut être aussi une voie de prévention, si un tel « travail d'inventaire » était proposé au cours de la grossesse à une future mère en prise avec des angoisses archaïques.

C'est dire l'intérêt de reprendre à travers ces données « neuro-physiologiques » les travaux de N. Abraham et M.Torok[31], Dolto[32], repris par C. Nachin[33], D. Dumas[34], M. Bydlowski[35] et médiatisés par A.Ancelin[36] : ce qui permettrait peut-être de comprendre que la trace « mémorisée » d'un enfant mort à la 2° ou 3° génération dont le deuil n'a pas été fait ou la trace d'un trauma (perte, rejet, rupture, abandon, accident, guerre, faillite, famine etc.) s'inscrit non seulement dans une histoire mais aussi dans un substrat biologique... qui peut induire l'arrivée au monde d'un enfant psychotique ou autiste.

Les stimulations sensorielles (tactiles, olfactives, gustatives, visuelles, auditives) indissociables de l'environnement psycho-émotionnel (plaisir-douleur, sécurité-insécurité...) activent des aires cérébrales spécifiques en laissant des traces mémorisées qui en fait représentent la qualité du lien mère-enfant au cours de la première enfance.

Sans cette stimulation « extérieure » les neurones ne peuvent pas s'activer et dans certain contexte dégénèrent : « Si l'enfant n'entend pas pendant ses premiers mois certains sons non seulement il les distingue

---

[30] M. MUSSAT, *Energétique des systèmes vivants*, MEDSI, Paris, 1985.
[31] N. ABRAHAM, et , M. TOROK, *L'écorce et le noyau*, Flammarion, Paris, 1987.
[32] F. DOLTO, *Séminaire de psychanalyse d'enfants*, Seuil, Paris, 198.
[33] C. NACHIN, *Les Fantômes de l'Ame*, L'Harmattan, Paris, 1993.
[34] D. DUMAS, *L'ange et le Fantôme*, Minuit, Paris, 1985.
[35] M. BYDLOWSKY, *La dette de vie*, PUF, Paris, 1997.
[36] A. ANCELIN, *Aïe mes aïeux*, DDB, Paris, 1998.

mal ensuite mais il ne parvient pas à les prononcer »[37]. Tout cela va conditionner l'accès au désir et à la parole et expliquer que certaines ruptures des liens précoces peuvent entraîner des situations de repli du bébé dans « une bulle » véritable auto-défense mettant en oeuvre des réflexes de survie.

Marie-Christine Laznik[38] apporte des données cliniques décisives montrant à travers des vidéos de nourrissons que la détection des signes précoces de l'autisme est possible à partir des perturbations de la mise en œuvre des ***« trois temps du circuit pulsionnel »*** (Freud[39], repris par Lacan[40]) et tout particulièrement la mise en place du « troisième temps » qui permet au sujet en puissance d'accéder à l'Autre en se faisant son objet : le bébé cherche à s'offrir à la mère comme un objet « bon à croquer »[41]. A partir de cette « passivation pulsionnelle », le bébé acquiert la capacité de susciter les échanges et ainsi à établir la communication avec les autres. Quand l'événement inducteur ou le contexte relationnel à l'origine de la difficulté ont été repérés reste à trouver le moyen de rétablir la mise en route du circuit pulsionnel. Pour ce faire, M.C. Laznik travaille sur les modalités vibratoires de la voix. Les spectres d'enregistrement des prosodies des différentes voix des proches des enfants à risque autistique mettent en évidence des signes différentiels permettant d'objectiver si la communication se fait ou ne se fait pas. En termes « neurobiologiques », s'il y a ou non stimulation des aires neuro-corticales de la perception du langage. Et quelle que soit l'origine de la « déconnexion » (génétique, neuro-cognitive, neurobiologique...) la rencontre de l'enfant et de l'Autre est en jeu, et peut être médiatisée pour faire émerger le sujet.

C'est ainsi que les observations cliniques colligées dans les crèches et les services de PMI qui ont fait l'objet de travaux dirigés par Graciela C. Crespin[42] dans le cadre du Séminaire sur la Clinique du Bébé associé à la recherche PREAUT apportent des données très convaincantes justifiant des interventions précoces, dès les premiers mois de la vie, auprès de l'enfant présentant des troubles précoces de la communication.

---

[37] M. IATELLI-PALMARI, *"Evolution, Selection and Cognition"*, in COGNITION, 31, 1989 p.1-44.

[38] M.C. LAZNIK, « *Contraste N°5* », Autismes, 1996

[39] S. FREUD, « *Pulsions et destins des pulsions* » in Œuvres complètes, vol. XIII, 163-187, PUF ,Paris,1988.

[40] J. LACAN, *Les quatre concepts fondamentaux de la psychanalyse*, Seuil, Paris, 1973, p. 174.

[41] M.C. LAZNIK, *Des psychanalystes qui travaillent en santé publique*, p. 15-16.

[42] G. CRESPIN, « Approche psychanalytique du syndrome autistique », Cahiers PREAUT 1, 2004, pp. 41-49.

Conclusion

L'inventaire de l'histoire des évènements traumatiques vécus sur plusieurs générations est une des voies d'exploration de la genèse de certains troubles psychotiques et autistiques... Cette genèse pourrait être à la fois organique et psychique puisque nous avons vu que la mémoire transgénérationnelle relève de l'un et de l'autre... F. Dolto en avait eu l'intuition puisqu'elle recommandait « d'aller voir du côté de la grand-mère... » quand on commençait le traitement d'un enfant psychotique. En effet la « crypte » laissée en héritage et inscrite dans un circuit mémorisé (ce qui signifie qu'une chaîne protéique est reliée au traumatisme émotionnel) continuera d'émettre des signes d'angoisse ou de souffrance psychique tant que la blessure ne sera pas cicatrisée... La cicatrisation implique d'abord de faire émerger à la conscience un lien entre cet évènement réel et le vécu quotidien du Sujet et ensuite de développer différentes stratégies susceptibles d'arrêter « l'émission » du « désordre », de dissoudre la trace des origines et d'établir des liens nouveaux fondées sur des connexions de « résonance » avec son environnement. Ce qui permet d'élaborer des actions préventives pendant la grossesse, période très favorable à un inventaire des évènements familiaux susceptibles d'induire des angoisses projetés sur l'enfant en gestation.

Les expériences de groupes de paroles de femmes enceintes en prise avec des états de paniques ou de réactions dépressives confirment la possibilité par cette méthode de préparer l'arrivée de l'enfant et de le dégager au moins en partie des projections d'histoires antérieures qui ne lui appartiennent pas.

Nous voyons donc que le dialogue entre neurobiologistes et psychanalystes ne sera fructueux que si les protagonistes de chaque discipline ne visent pas à trouver « la cause » de l'autisme ou de la psychose infantile mais collaborent sans préjugés ou anathème pour étendre le champ des connaissances... Dès maintenant on voit que les interactions entre le « corps » et l'environnement commencent bien avant la naissance, que les altérations des fonctions cérébrales peuvent être constitutionnelles mais que ces dysfonctionnements du développement précoce peuvent être régulés par un accompagnement thérapeutique qui mobilisera les fonctions de plasticité neuronale, base des mécanismes d'adaptation et d'autorégulation cérébrale.

Or la finalité de ce débat est de donner au médecin confronté à ce mystère au coeur du destin humain, toutes les données parcellaires issues des différentes recherches spécialisées afin que l'intégration de ces informations à la réalité existentielle et clinique de l'enfant en souffrance lui permette de guider, d'accompagner l'entourage et d'élaborer une stratégie thérapeutique adaptée à la singularité de chaque situation.

Un travail épidémiologique est-il possible dans le champ psychanalytique ?

Jean-Louis SARRADET,
Psychanalyste, Paris

Il y a une vingtaine d'années, un groupe de psychanalystes français, jeunes et curieux, toutes écoles confondues, avait invité à Paris un psychanalyste New-Yorkais, dont les articles témoignaient d'une position originale et intéressante de la cure psychanalytique.

Lors d'une conférence en traduction simultanée, l'homme sérieux et digne, d'âge moyen introduisait son propos par l'annonce de son changement de statut : il était devenu chercheur en psychanalyse et se proposait de donner un aperçu de son travail par un exposé de cas :

L'analysant était une homme jeune dont le symptôme était une phobie : phobie de vivre seul, mais aussi phobie sociale qui rendait difficile la vie communautaire qu'il était obligé de mener. Les séances étaient filmées et enregistrées avec l'accord du patient, et analysées ensuite par le groupe de chercheurs qui mesuraient et orientaient la cure en proposant des interprétations à tester lors des séances ultérieures.

Au bout de deux ou trois ans de séances tri-hebdomadaires, le patient de plus en plus mal à l'aise se sentait surveillé, épié et interrompait l'analyse tout en décidant de vivre seul.

Notre psychanalyste avait lui décidé de ne plus recevoir de patient et de consacrer tout son temps au contrôle. Il se pouvait aussi que plusieurs analystes voient le même patient et comparent les effets de leurs interprétations.

Je vous laisse deviner l'effarement de la salle pendant que se déroulait cette conférence. Mais l'homme paraissait authentique et sincère, et la discussion qui suivit resta polie et bien sûr ironique.

Qu'est-ce qui nous choquait ? une naïve et comique analyse du transfert. Naïve de chercher à éliminer la subjectivité du psychanalyste et de prétendre ainsi diriger une cure « objective ». Comique de multiplier les psychanalystes qu'on pourrait imaginer tels les médecins de Molière, s'étripant autour du « cas ».

Que faisons-nous du transfert dans la recherche PREAUT ? Par le biais de la pulsion qui pour nous fait signe, l'Autre du transfert, c'est la mère ou son tenant-lieu, singulier pour chaque enfant, mais générique pour notre projet.

Considérons la pulsion telle que Freud l'invente : c'est un curieux concept moitié ou somatique, élan du corps qu'on ne repère que par son autre moitié, sa représentation, qui a un but, se satisfaire, une origine, n'importe quel point du corps, mais avec des zones privilégiées. Je passe vite sur ce que l'on sait déjà, l'objet de satisfaction, le caractère acéphale de la pulsion selon Lacan, un découpage artificiel en trois temps selon Freud et Lacan, qui ne compte que parce qu'il en manque un dans l'autisme.

Le signe de l'absence du bouclage de la pulsion, de la saisie de l'objet n'a rien à voir avec un signe de la pathologie médicale qui se repère sur le corps ou ses fonctions.

Il s'agit d'un signe inter-relationnel, d'un échange avec l'autre, le regard en l'occurrence qui nécessite : le bébé, sa mère ou tenant-lieu, l'observateur, médecin pédiatre qui est non seulement observateur, mais acteur de l'observation.

C'est ainsi qu'on peut rechercher chez 25.000 bébés, le signe de la pulsion accomplie, en faisant l'hypothèse qu'elle est condition nécessaire et suffisante pour éliminer chez un bébé le syndrome d'autisme primaire de Kanner, avant un an.

L'hypothèse de la pulsion sur laquelle nous fondons notre prédiction est difficilement exportable hors du champ psychanalytique.

Observations cliniques

Les observations cliniques qui vont suivre ont été présentées par les professionnels qui les signent dans le cadre du Séminaire sur la Clinique du Bébé qui a lieu une fois par mois à l'Association Lacanienne Internationale, à Paris. Les commentaires reflètent les débats qui ont eu lieu avec la salle.

Ces observations reprennent des situations qui ont soulevé les inquiétudes des professionnels et retracent les avatars de l'accompagnement qui a pu être mis en place.

Au-delà du travail d'analyse et de réflexion auquel ces observations ont déjà donné lieu dans le cadre du Séminaire, l'intérêt majeur que nous voyons à ce recueil d'observations est celui de constituer une trace du devenir des enfants et des familles suivis dans le cadre de la prévention pour des troubles naissants de la relation, et que l'on ne retrouvera pas plus tard – du moins pour certains d'entre eux - dans nos structures de soins.

Le pari que nous faisons est celui de tenter, non pas un *chiffrage*, mais du moins un *témoignage* de ce travail silencieux et patient, qui se déroule la plupart du temps dans l'ombre et que l'on sous estime souvent autant dans sa valeur méthodologique que dans son impact thérapeutique.

Notre intention est donc de constituer, au fil du temps, autour de l'effort du Séminaire, un ensemble d'observations qui permettrait, d'une part d'avancer dans la connaissance de la symptomatologie des troubles relationnels précoces, et d'autre part d'évaluer ces suivis, dans l'après coup, et de repérer, par recoupements, la valeur de ces interventions de prévention, souvent revendiquées comme essentielles mais rarement argumentées.

Nous remercions d'avance les équipes qui ont accepté de partager avec nous cette aventure.

L'histoire de Vincent

Valérie ANDRE,
Puéricultrice
Service de PMI
Etampes (91)

Dans le cadre de la prévention précoce, j'effectue à domicile un travail de soutien et d'observation auprès de Vincent et de sa maman.

J'interviens également auprès de l'assistante maternelle de Vincent.

Situation familiale

La mère de Vincent, jeune femme de 24 ans habite seule dans un studio en centre ville. Elle présente un certain déficit intellectuel reconnu par la COTOREP. Elle travaille dans un atelier protégé à environ 5 km de chez elle.

Pour se rendre à son travail elle prend le train à 7h10 qui la conduit à l'arrêt de bus. Elle quitte son domicile vers 6h50 et rentre à 18h30.

Par ailleurs, les parents de cette jeune femme ont emménagé mi-juin 2003 dans un nouveau pavillon. Ils résident ainsi dans la même commune que leur fille. La grand-mère de Vincent ne travaille pas. La jeune femme a également deux sœurs, plus jeunes de 18 et 19 ans. L'une est étudiante tandis que la cadette, coiffeuse est maman d'un garçon de 3 mois plus jeune que Vincent.

De plus, le père de Vincent est inconnu. La liaison entre ce dernier et la mère de Vincent s'est interrompue avant la découverte de l'état de grossesse. Il n'a pas été informé de sa paternité car il n'aurait pas été joignable.

En outre, Mademoiselle A est assez isolée sur le plan social, même si elle a des contacts fréquents avec ses parents, ses sœurs. Elle entretient peu de relations amicales, elle a semble-t-il une ou deux copines.

Autour de la naissance de Vincent

Mademoiselle A a découvert sa grossesse au cours de 5e mois. Elle lui est apparue cependant longue. De l'accouchement, elle évoque le caractère « dur » sans ajouter d'autres sentiments.

Vincent est né au terme de 37 semaines et 6 jours. Il pèse à la naissance 2kg 530. Vincent est allaité au biberon. Il boit bien et grossit. La jeune maman est entourée par ses parents. Ils lui proposent de l'héberger à sa sortie de maternité. Le séjour à la maternité ne pose pas de souci particulier. L'équipe soignante a repéré cependant une compréhension limitée de la part de la maman. Elle s'interroge sur la capacité de Mademoiselle A à répondre aux besoins de son bébé. C'est pourquoi elle sollicite mon intervention à la sortie de l'hôpital.

Evolution de Vincent pendant ses trois premiers mois

J'ai effectué une visite à domicile tous les 7 à 10 jours pendant les deux premiers mois de Vincent (dont les trois premières semaines au domicile des grands-parents).

Vincent est un bébé qui se porte bien lors de mes entrevues du premier mois :

- il boit bien, des rations adaptées à son âge (je revois cependant la reconstitution des biberons qui n'est pas adéquate). Vincent est calme entre les tétées.
- Sa maman parle par ailleurs de constipation mais Vincent a des selles quotidiennes. La prise pondérale de Vincent est correcte (gain de 830 g au cours du premier mois).

Néanmoins, j'observe dès la première visite une maman distante de son bébé. Elle s'exprime peu au sujet de son enfant. En présence de sa sœur, c'est cette dernière qui prend Vincent dans ses bras.

Par ailleurs, la grand-mère est peu présente lors de mes visites. Elle est occupée par le déménagement et les travaux à effectuer dans leur nouveau pavillon. Elle déclare cependant que sa fille s'occupe bien de son bébé.

A partir du mois suivant, je fais mes visites au domicile de Mademoiselle A. Cette dernière s'est bien adaptée à son environnement avec son bébé, bien qu'elle y soit relativement isolée. Je n'ai jamais rencontré un membre de sa famille chez elle. Vincent est suivi par la PMI municipale sur le plan médical.

Vincent évolue normalement sur le plan pondéral et psychomoteur. Il présente un bon tonus. Cependant des rejets alimentaires apparaissent. De même j'observe un bébé qui pleure beaucoup notamment après le biberon. Au fur et à mesure des rencontres, rejets et pleurs s'intensifient. Des tentatives thérapeutiques sont mises en place : lait acidifié, pansements gastriques et un peu plus tard lait anti-régurgitations et médicament antispasmodique. Il est toutefois difficile de connaître l'efficacité de ces traitements. Mademoiselle A ne donne pas d'éléments précis sur le comportement de Vincent. Lorsqu'on l'interroge, elle répond très souvent « cela va mieux ». Par ailleurs, Vincent évolue normalement sur le plan staturo-pondéral et psychomoteur. Ses besoins sont assurés en matière d'hygiène : bain quotidien, vêtements propres, environnement matériel bien entretenu.

L'enfant dispose de jeux adaptés à son âge. Je n'ai cependant pas observé de sourire à cette période mais la maman affirme le contraire : « Vincent sourit et gazouille depuis qu'il a à peine 2 mois. »

En outre, s'est posé la question de la reprise du travail de Mademoiselle A et du mode de garde pour Vincent. Sur mes conseils, Mademoiselle A a inscrit son fils à la crèche familiale.

Elle restait cependant très évasive quant à son projet : date de fin de congé-maternité inconnue, difficulté de se projeter dans l'avenir et d'imaginer un mode de garde. De plus, je n'ai pas eu le sentiment qu'elle soit bien épaulée par ses parents.

En conclusion, durant ces trois premiers mois de vie, Vincent grossit bien, boit des quantités correctes. La maman assure les soins lui permettant de satisfaire les besoins fondamentaux. D'après la maman, il présenterait un bon éveil : il sourit et gazouille, bien que ce dernier aspect n'ait pas été accessible à mon observation.

En effet, Vincent régurgite et pleure beaucoup. Sa maman lui parle peu. Le contact par le toucher se limite aux actes de la vie courante : bain, habillage faits de façon automatique, quelques bisous faits de temps en temps. Sa mère ne semble pas se sentir très concernée, sur le plan affectif, par la vie de son bébé.

Accueil de Vincent en crèche familiale

L'accueil s'est effectué trois mois plus tard. Mademoiselle A confie son fils de 7h à 17h. La grand-mère maternelle va le chercher à 17h tous les soirs sauf le vendredi (Mademoiselle A ne travaille pas le vendredi ou termine plus tôt). Ainsi, l'accueil ne dépasse pas 10h et évite notamment le paiement d'une heure supplémentaire difficile à assumer pour Mademoiselle A. L'assistante maternelle habite à 15/20 mn à pied du domicile de l'enfant.

Deux semaines après le début de cet accueil, la directrice m'informe de l'adaptation difficile de Vincent, il pleure beaucoup.

Un mois plus tard : Vincent pleure toujours beaucoup, l'endormissement est difficile, l'assistante maternelle ne sait pas quoi faire pour le calmer.

Ces informations ont motivé le maintien des visites à domicile que je poursuis toujours à ce jour.

L'assistante maternelle Madame B me donne des éléments très précis. C'est une personne très accueillante, à l'aise dans le dialogue. Elle s'est investie d'emblée dans la relation avec Vincent.

A son arrivée chez l'assistante maternelle Mlle A ne prend pas l'initiative de sortir Vincent de sa poussette, ni de le déshabiller. Elle répond toujours par des « ça va bien » aux sollicitations de Madame B Elle part souvent rapidement en embrassant son fils de temps en temps. Parfois, il lui arrive de dire à son fils « sois sage, ne fais pas de bêtises ».

Lorsqu'elle vient le chercher en fin d'après-midi, c'est le même scénario qui se produit : Madame B habille l'enfant et le met dans les bras de sa mère qui lui fait un câlin ou non. Lorsque la grand-mère vient chercher l'enfant, elle apparaît douce et chaleureuse, « comme toutes les grands-mères » dira Madame B. Cependant, elle ne demande pas beaucoup d'informations. La grand-mère a longtemps associé les pleurs de Vincent à des douleurs liées à la poussée dentaire.

En revanche, Mademoiselle A respecte les horaires de garde et prévient toujours l'assistante maternelle d'un retard ou d'une absence.

Evolution de Vincent de 3 à 12 mois

Madame B m'a donné des éléments précis sur le développement de Vincent, notamment sur le plan alimentaire et sur son sommeil. Tandis que Mademoiselle A reste très incertaine sur les rythmes de vie de son bébé.

Par ailleurs, le médecin de PMI m'a fait part de ses observations ; il voit de façon régulière Vincent et sa maman une fois par mois environ.

Les observations sont présentées en fonction de l'évolution de Vincent, de son âge et des étapes clés de son développement.

A 4 mois, Vincent n'attrape pas les objets, ne joue pas avec ses mains, Madame B le prend souvent dans ses bras et se promène beaucoup dans la maison. Vincent est calme pendant les balades.

Parallèlement, chez lui, sa maman l'appelle « grincheux », elle déclare qu'il pleure pour « un rien », qu'il râle tout le temps. Il ne dort pas de la journée et se réveille fréquemment la nuit. Mademoiselle A dit qu'elle essaie de le calmer. Cependant, j'observe que lorsqu'il pleure, Mademoiselle A réagit seulement au bout d'un certain temps, et a tendance à le prendre sur son épaule plutôt que lui proposer un échange de regards.

A 6 mois, je constate un bébé qui me dévisage. Par contre, il regarde peu sa mère, celle-ci lui lance un regard de temps en temps, mais elle est occupée à l'habiller. Assis sur les genoux de sa mère, elle ne lui parle pas et son visage reste figé. J'ai le sentiment que Vincent me cherche et me regarde beaucoup. Sa mère ajoute qu'habituellement, il s'occupe tout seul.

Quinze jours plus tard, Vincent est hospitalisé 4 jours en pédiatrie pour une rhino-bronchite compliquée d'une otite. Sa maman est restée auprès de lui, mais elle dira : « je ne me suis jamais autant ennuyée de ma vie. »

A 7 mois, j'observe un enfant, un peu plus détendu. Il essaie de se redresser. Il dort mieux, se réveillant la nuit occasionnellement selon la maman. Cependant l'endormissement reste toujours difficile et tardif dans la soirée. En outre, l'alimentation est mieux tolérée depuis la diversification. Madame B confirme cette amélioration du comportement de Vincent. Elle ajoute qu'il aime les câlins et les chatouilles.

A 9 mois, Madame B est rassurée par le développement psychomoteur de Vincent ce qui l'encourage à le stimuler : il commence à s'asseoir avec appui, il commence à s'intéresser aux objets. Il dort mieux même s'il ne fait pas de sieste régulière.

Toutefois, il accapare beaucoup Madame B qui essaye de répondre à ses pleurs. Il est un peu nerveux, dit-elle. Je constate qu'il réagit aux sollicitations mais reste passif dans les échanges.

Par ailleurs, le médecin de PMI note lors de la consultation du 9ème mois des pleurs importants après le vaccin. Sa maman n'arrive pas à rassurer Vincent, il y a très peu d'échanges entre eux et l'enfant se fixe sur les objets. Mademoiselle A évoque alors son désarroi face aux pleurs de son bébé.

A environ 10 mois et demi, Vincent se montre plus détendu devant le médecin. Sa maman semble aussi plus à l'aise, et elle est plus enveloppante dans le portage. Il tient assis sans appui. Vincent interpelle le médecin alors que celui-ci parle à Mademoiselle A.

A deux jours d'intervalle, j'observe l'enfant à son domicile : il se retourne du ventre sur le dos. Je ne le vois pas s'asseoir. Sa maman indique la nécessité de coussins pour le maintien assis, encore instable. Il s'agite en position dorsale avec ses jambes, ses bras et crie. Il jette les objets, il manifeste son impatience en « grognant », mais il ne tend pas les bras.

Evolution de Vincent de 12 à 17 mois

A 12 mois, Vincent présente un bon développement staturo-pondéral. La station assise est presque stable. Il prend plaisir à bouger en position allongée, gigote beaucoup. Lorsqu'il s'assoit, il est un peu renfermé sur lui-même, prostré. J'observe peu ou pas de relation avec sa mère. J'ai l'impression que Vincent évite la relation.

A cette période, l'assistante maternelle m'interpelle à nouveau. Elle accueille depuis février une fillette d'un mois plus jeune que Vincent. Elle se rend compte ainsi de manière plus aiguë des limites de Vincent, surtout d'un point de vue relationnel : il ne tend pas les bras, fait peu de câlins, pas de bisous, ne la sollicite pas. « Il éprouve peu de sentiments ajoute-t-elle, et rit de façon désordonnée. » Sa capacité à dormir, son humeur varient d'un jour à l'autre.

Pour la mère et la grand-mère, quand on leur signale que Vincent pleure beaucoup, c'est toujours une poussée dentaire qui est en la cause. De plus, le langage se limite à des cris et à des babillages non adressés.

A 15 mois, Vincent progresse au niveau de la marche : il marche à quatre pattes et tenu par la main. Sa mère déclare : « il part en vadrouille. » Il attrape les jouets, les mordille, les jette. Par contre, il ne semble pas encore capable d'empiler ou encastrer. A cette époque, il n'est pas confié durant 3 semaines à l'assistante maternelle du fait des vacances.

A 16 mois, le retour après les vacances sera difficile pour Vincent chez son Assistante maternelle. Vincent pleure beaucoup, est colérique, « il est scotché à moi » ajoute Madame B.

Cette dernière a l'impression de parler dans le vide, Vincent semble absent : elle n'obtient pas la réaction attendue lorsqu'elle le sollicite. Vincent mange toujours mixé, les repas sont entrecoupés de pleurs. Son langage a peu évolué.

Madame B exprime une certaine lassitude dans la prise en charge de Vincent. Toutefois, elle estime qu'il fait preuve de « volonté » et de capacités. En tout cas, sur le plan moteur, Vincent fait quelques pas, la marche autonome est presque acquise.

A 17 mois, je revois Vincent chez l'assistante maternelle et au jardin d'enfants de la crèche familiale. Vincent s'y est rendu déjà quelquefois. Il semble à l'aise dès l'arrivée, marche seul, va d'un lieu à un autre. Il attrape les jouets, les porte à la bouche, agite ses bras très souvent comme pour manifester de la joie. Cependant il y a peu d'interactions avec les autres enfants. Vincent reste sérieux très souvent. Il n'associe pas le geste à la pensée (je n'observe pas de langage gestuel).

Cependant, il va vers l'assistante maternelle qui l'encourage à venir vers elle en l'appelant. Il lui adresse un « mum,mum », l'attrape par son vêtement et commence à lui tendre les bras.

Au domicile de Madame B, Vincent est plus détendu. Il déambule dans le couloir, écoute ses pieds qui tapent sur le sol. Il répète des syllabes, crie et écoute les modulations de sa voix.

Au moment du repas, Vincent manifeste son impatience en grognant, en râlant. Il agite ses bras lorsqu'il voit quelque chose qui le satisfait comme la tasse. Il commence à manger des aliments écrasés et a bon appétit.

En revanche, il n'essaie pas de manger seul. Il arrive depuis peu à porter la tasse à bec à la bouche mais ne boit pas seul.

Par ailleurs, Vincent dort bien lors de la sieste qui dure entre 2 et 3 h.

Sur le plan médical, Vincent va bien. Le médecin note une maman plus à l'aise.

En résumé

Vincent est un petit garçon qui évolue lentement. Hormis la marche acquise sans trop de difficultés, il existe un décalage entre son âge et ses acquisitions psychomotrices.

Il commence à s'adresser davantage à l'adulte : ébauche de bras tendus, répétitions de syllabes adressées à l'assistante maternelle.

Commentaires

Compte tenu de l'aspect légèrement déficitaire de cette maman, ainsi que du relatif isolement dans lequel elle s'occupe de son bébé, la question que pose cette observation est celle de distinguer dans l'évolution de Vincent un retard de développement, suite à des carences de stimulation, d'un évitement relationnel qui pourrait évoluer vers un retrait d'allure autistique.

Grâce à cette observation longitudinale très détaillée, nous pouvons retracer le parcours de la mise en place du rapport à l'Autre chez Vincent :

- Au cours du premier mois de la vie, Vincent présente une tendance à l'hypersomnie, on peut dire que c'est la forme que prend l'évitement relationnel à ce moment là.
- Au cours du deuxième mois, on peut repérer un moment de bascule : l'éveil gagnant du champ, des difficultés alimentaires et des pleurs apparaissent et envahissent le champ relationnel.
  La mère, soutenue par le discours grand-maternel, donne une réponse de type opératoire : « c'est parce qu'il a mal aux dents ». On peut observer que ce côté opératoire s'accompagne par ailleurs de faibles échanges avec la mère.
- Vers 4 mois, si on avait proposé la grille de PREAUT à Vincent, nous pouvons faire l'hypothèse qu'il aurait été retenu comme enfant à risque d'après nos critères.

D'une part, dans le cadre de l'accompagnement de la mère à domicile, il a été proposé de travailler la question du 3ème temps du circuit pulsionnel : y a-t-il des moments ludiques et jubilatoires entre Vincent et sa mère ? Peut-on les susciter ? Pour ce faire, il est possible de tendre un « miroir identificatoire » à la maman, afin qu'elle puisse s'autoriser à avoir des échanges de ce type avec son bébé.

D'autre part, l'accueil de Vincent chez une assistante maternelle, attentive et disponible à son égard, auprès de qui un travail d'accompagnement a aussi été mis en place, n'a sans doute pas été sans conséquence : en effet, dès 6 mois, on observe que se met en place un évitement sélectif du regard de la mère, mais s'accompagnant d'une sollicitation du regard de la puéricultrice et du médecin, en situation de consultation.

Entre 7 et 12 mois, malgré les progrès accomplis, les échanges ne sont pas suffisants entre Vincent et sa mère. Cependant, il est devenu capable d'initialiser les échanges après d'autres que sa mère. La mise en place du 3ème temps de la pulsion est amorcée, bien qu'elle ne soit pas encore garantie. Vincent ne serait donc plus un enfant à risque à la grille PREAUT du 9ème mois, mais seulement un enfant qui présente des difficultés relationnelles précoces.

L'assistante maternelle est consciente des difficultés de la maman, elle stimule beaucoup Vincent, qui « aime les câlins et les chatouilles » et ce, sans jugement ni envers la mère ni envers le bébé.

Lors de la visite avec le médecin de P.M.I., celui-ci constate que Vincent a fait des progrès sur le plan du développement psychomoteur, qu'il est plus détendu, et qu'il commence à émettre des vocalises.

Vincent est devenu capable de solliciter l'intérêt de l'autre, même s'il subsiste un évitement de regard vis-à-vis de la mère.

Ainsi, dès la fin de la première année, nous pouvons écarter le danger d'un retrait de type autistique, même si tout n'est pas réglé. En effet, dans le rapport avec sa mère, Vincent adopte un mode relationnel plus archaïque : le mode d'échange que Vincent privilégie avec sa mère, ce sont les pleurs, et quand il est fatigué, il regarde davantage les objets que sa mère.

En conclusion, nous formulons l'hypothèse d'un déficit dans les échanges avec sa mère, qui ne met pas encore Vincent à l'abri d'une évolution déficitaire. Vincent a pu, jusque là, surmonter en partie ce risque grâce aux apports de l'Assistante maternelle et de l'accompagnement de la PMI.

Une des questions intéressantes posées par cette observation est celle de la durée de ce type de dispositif : en effet, que pouvons-nous dire, non seulement de l'accueil de Vincent, mais surtout de l'accompagnement accompli, tout autant auprès de la maman qu'auprès de son assistante maternelle ? En effet, on peut penser que ce type d'accueil peut s'épuiser et s'interrompre s'il n'est pas convenablement soutenu, ainsi que nous le verrons plus loin, dans l'observation dite de la « Petite Poucette », où il est question de *holding* , au sens de Winnicott.

En effet, le travail d'accompagnement et de soutien que la puéricultrice de PMI accomplit dans cette observation, soutenue elle-même par un lieu d'analyse et de travail au sein de son équipe, constitue un *holding* institutionnel qui lui permet de mettre en place un *holding* de l'assistante maternelle, qui à son tour entoure la mère, et enfin, Vincent.

Cette structure concentrique n'est pas sans rappeler la question des enveloppes, pendant la gestation et la naissance de l'enfant.

La prévention au quotidien : L'histoire de Julien

Graciela C. CRESPIN,
Psychanalyste, Paris

Julien arrive à la crèche à 4 mois.

Il est le premier enfant d'une mère jeune et bien portante, et d'un père légèrement plus âgé, qui a déjà un enfant d'une précédente union. La mère semble un peu immature et débordée par la naissance de Julien, qui se présente cependant comme un très - peut-être trop ? - sage petit bébé.

A son arrivée à la crèche, Julien n'accroche pas du regard, se manifeste peu et ne semble prendre aucun plaisir à s'alimenter. Le contact est difficile à établir et Julien gazouille peu. Les efforts des auxiliaires pour solliciter Julien rencontrent un succès modeste, tout comme leurs tentatives d'interpeller la mère : elle semble ne pas ***voir*** son fils, au point que nous avons le sentiment de ne pas parler du même bébé. En effet, autant il semble à nos yeux fragile et en grand besoin d'être entouré et contenu, autant il semble, aux yeux de la mère, encombrant et persécuteur.

Le matin, elle le dépose comme un paquet, et revient le chercher le plus tard possible, alors qu'elle travaille à proximité dans une administration aux horaires confortables. Le matin et le soir les transmissions de la mère restent laconiques, voire inexistantes, sauf pour se plaindre des contraintes et difficultés causées à sa vie par l'obligation de s'occuper de Julien.

Les semaines s'écoulent, Julien geint, évite du regard et a peu d'appétit, son poids stagne. Toutes les tentatives de mobiliser l'attention maternelle sur ces signes silencieux restent infructueuses.

Vers l'âge de 7 mois apparaissent des troubles persistants de l'endormissement que Julien semble littéralement avoir mis en place pour se faire entendre de sa mère : en effet, elle ne tardera pas à s'en plaindre, et l'équipe de la crèche pourra lui proposer de me rencontrer.

Dès la première rencontre, elle me parlera sans difficulté ni culpabilité apparente de sa « surprise » à la naissance de Julien : elle m'avoue que quand elle a accouché, elle ne s'attendait pas du tout à voir arriver un nouveau-né, c'est-à-dire ce petit être démuni, passif et dépendant, auquel elle ne comprend rien. Elle reconnaît même en avoir été embarrassée comme un poisson d'une pomme ! A ma question de savoir ***qui*** elle attendait en accouchant, elle me dira : « je m'attendais à avoir tout de suite un enfant... grand, de... disons 3 ans, qui parle et court partout, et avec qui j'aurais pu tout de suite faire du cheval ! » qui est son activité favorite. Et elle ajoute que, tout à fait franchement, elle trouve le temps long en attendant qu'il grandisse !

A l'issue de cet entretien, nous savons maintenant ce qui arrive à Julien : l'immaturité, voire l'infantilisme de cette jeune femme font d'elle un Autre qui ne le ***voit*** pas, littéralement, et qui ne s'aperçoit pas des effets que cela a sur Julien.

Face à Julien, la mère semble toute entière occupée par les absences du père, qui travaille trop, rentre tard, et ne la relaye pas suffisamment auprès de Julien. Elle se sent abandonnée par le père, et enfermée, empêchée de vivre par Julien, qu'elle traîne comme un fardeau.

Au fil des mois, Julien nous inquiète de plus en plus par sa difficulté à entrer en contact et ses pleurs inconsolables. A la fin de la première année, dès qu'il acquiert la marche, il se met à déambuler, erre sans but fixe, *doudou* et pouce en bouche, n'investissant ni le rapport à l'adulte ni aux autres enfants...

Les rencontres - pourtant régulières - proposées à la mère sont difficiles : elle ne demande pas à être aidée, et semble seulement désirer être *débarrassée* de Julien. Elle s'absente fréquemment, le met de plus en plus tard à la crèche, le confie sans cesse aux grands-parents. Elle semble figée dans la position de la petite fille qui attend le retour du père (est-ce bien de celui de Julien dont il s'agit ?), à qui elle reproche son absence et son manque d'aide pour la lourde tâche qui lui revient : s'occuper de cet enfant incongru qu'elle traîne comme un boulet, et qu'elle reconnaît volontiers vivre comme une entrave à sa liberté ... tout cela ne serait plus vrai si seulement il avait trois ans ! Contre quel fantasme de dévoration archaïque la mère lutte, en rejetant si violemment l'état de dépendance de Julien ? dans quel danger d'abandon, de désorganisation, l'absence du père la projette-t-elle ?

La question pour Julien en tout cas, n'est pas d'avoir affaire à un désir absent, mais à un désir qu'il ne peut satisfaire. Il ne peut atteindre la position d'être ce que sa mère désire !

Lorsque Julien à 18 mois, il survient ce qu'il est convenu d'appeler un « accident domestique » : la mère est très occupée à charger la voiture pour un départ en vacances en le confiant pour l'énième fois à ses grands-parents. Julien échappe à sa vigilance et avale jusqu'à la lie l'huile contenue dans une lampe Berger, ce qui entraîne son hospitalisation immédiate aux Urgences, avec lavage d'estomac. Son état nécessite plusieurs jours d'observation à l'hôpital, et a pour conséquence, bien entendu, d'empêcher sa mère de partir !

Il me semble tout à fait possible de considérer cet acte de Julien comme un *passage à l'acte*, face à l'*acting out* de la mère, qui met une fois de plus en scène le *laisser choir* qui caractérise son rapport à l'enfant. Ce type de comportement d'appel face à un désir inaccessible nous est beaucoup plus familier dans les tentatives de suicide adolescentes.

Pour Julien, la satisfaction maternelle existe, mais il ne peut pas la lui procurer, il ne peut l'atteindre : c'est son *insuffisance* phallique qui détermine sa dépression.

Julien erre, déambule, évite du regard et geint sans adresse, mange peu et grossit mal, et à deux ans il ne dit toujours pas un seul mot. Mais tout ceci reste imperceptible pour sa mère.

Alors que Julien a un peu plus de deux ans, sa mère put pour la première fois **entendre** ce qui se passait avec Julien. A ma question de savoir si Julien *aimait* ce qu'elle lui proposait, sidérée, et avec sa fraîcheur habituelle, elle me dira : « Mais vous avez raison, je lui donne une pomme, mais l'idée de lui *demander s'il a envie* d'une pomme, ne me vient pas ». Et brusquement, l'aspect mécanique de ses échanges avec Julien lui devient évident.

A la suite de cette rencontre j'alimente l'espoir que quelque chose va pouvoir se modifier entre Julien et sa mère. Il n'en fut rien : j'appris quelques mois plus tard que la mère avait engagé une deuxième grossesse le lendemain de notre entretien ! Le nouveau bébé draina sur lui l'investissement maternel, et Julien se retrouva, encore une fois, en panne. Et il continua, cahin-caha, au bord de l'effondrement, au bord d'une possible non-existence, je m'employai comme je pus à soutenir le maigre investissement maternel et les auxiliaires à tenir Julien à bout de bras, au-dessus du gouffre, son père toujours absent et sa mère hors d'atteinte.

Julien atteignit enfin l'âge tant attendu de 3 ans - signifiant énigmatique du désir inconscient maternel - et quitta la crèche pour l'école. Alors qu'il était déjà parti, la mère a demandé à me revoir car « cela se passe très mal à l'école » : Julien est très collé à elle, a beaucoup de mal à la quitter, elle rêve de rester à la maison pour s'occuper de lui, et ça fait un pataquès à la maternelle !

Je reçois ce jour là un Julien transfiguré, très collé à sa mère qui l'a enfin **rencontré**, dans un véritable lien, et non dans l'agrippement désespéré que nous lui connaissions. Je fais aussitôt un pronostic favorable à la difficulté, et félicite Julien et sa maman d'être si contents d'être ensemble. En effet, au bout de quelques semaines, les toutes nouvelles difficultés de séparation s'estompèrent et Julien se mit à vaquer à ses toutes aussi nouvelles occupations découvertes dans le monde extérieur.

Julien a été, au cours de ses deux premières années, dans un état d'effondrement dépressif. Je reste persuadée que sans l'investissement massif et persévérant de ses auxiliaires qui ont assuré le *portage psychique*, et sans l'accompagnement de la mère qui pourtant ne s'apercevait de rien et ne demandait rien, l'évolution de Julien aurait été problématique.

Même s'il y a eu cette sorte de rémission spontanée observée lorsqu'il a atteint la représentation de désir inconscient de sa mère, en tout cas au moment où la question archaïque semble suffisamment écartée pour qu'elle puisse l'investir, il est probable que Julien gardera au fond de lui, pour toujours, une ligne de fracture qui le rendra particulièrement sensible aux problématiques abandonniques. J'irai même jusqu'à dire qu'en le voyant, j'ai souvent pensé que c'était peut-être comme cela qu'on fabriquait les névroses d'abandon qu'on trouve en analyse à l'âge adulte.

Commentaires

L'intervention que permet un lieu de vie, n'est pas à proprement parler thérapeutique, mais il me semble qu'on peut la considérer comme *à impact thérapeutique*. Dans ce sens, l'histoire de Julien est particulièrement exemplaire de ces situations de la vie ordinaire, où personne n'aurait jamais rien demandé pour cet enfant dont les difficultés n'auraient probablement été reconnues que plus tard, à l'école, voire des années après, en analyse adulte.

Un travail quotidien d'observation et de réflexion est mené autour de la situation de chaque enfant, en posant en termes de relation de transfert ce qui se joue entre l'auxiliaire qui s'occupe de l'enfant et l'enfant lui-même, ainsi qu'entre les parents et l'auxiliaire qui s'occupe de leur enfant. L'aboutissement d'un tel effort, patient et sans relâche, est une prise en charge tout à fait personnalisée de chaque enfant, compte-tenu des particularités de son histoire, de son contexte familial, et de sa manière à lui de réagir. Ainsi, chaque réponse faite à l'enfant ou au parent sera pesée et réfléchie, et la plupart du temps nous poursuivrons un objectif précis dans nos échanges avec l'enfant ainsi qu'avec les parents.

Ainsi, dans l'organisation de la journée, rien n'est laissé au hasard : compte-tenu des difficultés que nous connaissons de Julien, la consigne est de ne pas le laisser errer. Ainsi, les auxiliaires, à tour de rôle et en fonction des disponibilités de chacune, prennent Julien en permanence « sous leurs ailes protectrices » : en dehors des classiques « moments privilégiés », repas, change, endormissement, à la qualité desquels cependant nous veillons, Julien est toujours de la partie. Dès que l'auxiliaire doit quitter la pièce, prise par ses tâches quotidiennes - aller chercher des serviettes, ramener le chariot, ranger des couches -, ces tâches deviennent des prétextes pour qu'on invite Julien à les partager. Nous lui signifions ainsi que sa présence nous est agréable, et allons même jusqu'à solliciter son aide pour des multiples menus détails quotidiens, de manière à lui assurer en permanence une *place dans le désir* de l'adulte, place que nous savons être si problématique pour Julien auprès de sa mère, qui se passe si bien de lui.

De manière constante, nous écoutons attentivement Julien : nous l'encourageons dans ses diverses entreprises, et lui parlons de sa difficulté à être aussi grand que sa maman aurait aimé... et nous l'assurons de notre conviction qu'il fera très bien du cheval quand il sera suffisamment grand !

Une telle « prise en charge » est le résultat de l'entrecroisement des observations directes de l'enfant en situation de vie, et de ce que la mère livre dans le lieu de parole qui lui est proposé par l'institution, en fonction de ses différentes demandes, même si elles sont toujours restées opératoires !

Dans le cas de Julien, il me semble que le *portage psychique* assuré par les auxiliaires au quotidien pendant les premières années de la vie de Julien, n'aura pas eu pour résultat, en l'occurrence, de modifier la nature de la place qu'il occupait dans l'économie inconsciente de ses parents, tout aussi peu présents l'un que l'autre, mais lui aura permis, en revanche, de se construire et de devenir un sujet capable de *penser son devenir*.

Nous touchons là au cœur de l'enjeu de ce qu'on appelle un « substitut maternel » : en aucun cas il ne me semble qu'il s'agisse de se substituer à quelqu'un, avec tout le cortège de rivalité imaginaire que de telles situations charrient, mais de soutenir, au lieu de l'Autre, un désir et une présence susceptibles de permettre au sujet de s'y appuyer pour se construire.

La petite Poucette ou le bébé qui ne pouvait pas grandir la tête en bas.

Marie-Frédérique GUITTON,
Educatrice spécialisée,
Marie-José DURIEUX,
Psychiatre UTAF,
Aulnay-sous-Bois (93)

Dans le cadre du partenariat très étroit que notre service de pédopsychiatrie partage avec le service de pédiatrie d'un hôpital de banlieue parisienne, il est fréquent que les pédiatres, qui ont été sollicités pour l'état de santé physique d'un nourrisson, nous demandent notre avis sur son état de santé psychologique et sur les compétences des parents.

Dans l'histoire que nous présentons de cette petite Poucette, que nous avons ainsi nommée car elle était à peine plus grande qu'un pouce, comme le dit le conte, la compétence de la mère était fortement mise en doute car elle n'apportait pas à sa fille les soins que réclamait son état physique : c'était un nourrisson vomisseur. Mais la question se posait aussi de la nature du lien affectif qui les unissait et surtout de sa stabilité.

L'enjeu de cette question était très lourd. Après avoir évalué les interrelations de la mère et de son bébé, et l'état psychologique de ce bébé, il nous faudrait prendre position devant le juge sur la pertinence d'un placement de cette enfant en danger. C'est une décision très difficile à prendre et en même temps c'est parfois de sa précocité que dépend l'avenir psychologique de l'enfant.

Les pédiatres avaient hospitalisé en urgence la petite Poucette âgée de quatre mois parce qu'elle était en train de dépérir. Elle ne grossissait plus et vomissait tous ses biberons. Poucette souffrait d'un double handicap : une béance du cardia et une mère intermittente. Les béances du cardia nécessitent des biberons épaissis, des anti-émétiques et des positions inclinées. Les mères intermittentes ne bénéficient pas d'un protocole de soins très randomisé. Que faire pour ce bébé dont la mère pouvait se montrer tantôt chaleureuse et aimante, et à d'autres moments si négligente, si absente ?

Les services médico-sociaux étaient en alerte. La maman ne suivaient aucun des conseils qui lui étaient prodigués et si les soignants de la PMI insistaient un peu, elle se fâchait violemment. Un signalement au procureur avait déjà été fait mais l'attitude de la maman semblait ne devoir jamais changer malgré l'inquiétude de tout le monde. Les pédiatres n'en revenaient pas de voir cette mère tenir négligemment sa fille dans n'importe quelle position, la tête quasiment en bas, au mépris des conseils nombreux qui lui étaient prodigués mais qu'elle n'écoutait pas. Comme si cette mère, pourtant intelligente et ayant fait des études secondaires, n'avait pas intégré la notion de « gravité ». La gravité terrestre qui fait que les choses liquides s'écoulent quand on les renverse, la gravité de la nourriture qui « descend » dans le tube digestif, et la gravité de la situation : Poucette allait très mal. Elle vomissait la tête en bas, elle vomissait couchée à plat dans son lit, elle vomissait quand on la secouait après la tétée.

Il n'y avait pas que Poucette qui avait la tête en bas. Très souvent sa maman avait la tête ailleurs, quelque part loin dans ses soucis, dans son histoire à elle, dans sa vie amoureuse compliquée. Plusieurs hommes avaient traversé sa vie, elle avait eu des enfants avec chacun d'eux mais elle n'avait pas trop la force ni le désir de vraiment s'en occuper. Elle cherchait quelqu'un pour le faire à sa place. Quand on l'interrogeait sur elle, elle répondait qu'elle avait des problèmes « d'adultion » qu'elle développait comment étant à la fois des problèmes d'adultère et d'âge adulte…

Et Poucette était née, les hommes et les enfants étaient partis, elle se retrouvait seule à la maison avec ce bébé dont elle n'arrivait pas vraiment à s'occuper. Par moments, elle prenait sa fille dans ses bras, elle lui parlait, elle lui souriait, elle s'inquiétait de la voir si chétive. Mais elle pouvait aussi la poser n'importe où, n'importe comment, sans y penser, elle ne la voyait plus, elle ne l'entendait plus. C'était une mère intermittente, discontinue, évanescente. Les moments de maternage alternaient sans prévenir avec de longs moments d'absence, autant physique que psychique. C'était une mère parfois investissante mais souvent chaotique. Poucette s'épuisait en toutes sortes de tentatives pour attirer son attention. Elle criait du plus fort qu'elle pouvait avant de s'endormir exténuée devant l'insuccès de l'entreprise. Mais souvent elle tentait plus subtilement de capter son regard. Elle suivait sa mère d'un regard perçant, anxieux, elle la « dévorait » des yeux. Elle s'agrippait littéralement à elle par le regard. Pour attirer l'attention de sa mère elle savait qu'il ne servait à rien de pleurer, sa mère ne l'entendrait pas. Alors elle lui « parlait » avec des « ah », des « euh » qu'elle arrachait de sa gorge après bien des efforts. Il lui fallait plutôt solliciter, séduire, sans la déranger. En fait l'angoisse venait de ce qu'il n'y avait aucune corrélation intelligible, aucune articulation dialectique entre ce qu'elle pouvait émettre comme cris, comme mouvements, comme gestuelle et la réponse de la mère. Cette mère ne savait pas lire. Lire le comportement de sa fille, qu'elle aimait pourtant beaucoup et y répondre par un regard, un sourire, un câlin dans les bras. Poucette n'était pas vraiment prise dans un système signifiant suffisamment continu et cohérent.

Poucette et sa maman étaient maintenant hospitalisées depuis un mois. Grâce à la vigilance du personnel soignant elle avait enfin ses médicaments régulièrement, un régime adéquat, une bonne régularité dans la prise des repas, le couchage en position proclive. Elle vomissait moins, elle avait grossi de 500g. Mais sa maman montrait la même incapacité à s'adapter à sa fille, son comportement était toujours décalé.

La maman était pourtant très contente de voir que sa fille reprenait du poids, elle lui prenait bizarrement le bras et elle disait : « Regardez tous ces muscles ». Elle était très heureuse de voir que sa fille allait mieux, elle s'était inquiétée pour elle, c'est d'ailleurs elle qui était venue se présenter aux urgences en demandant de l'aide, mais en même temps, elle semblait ne faire aucun lien entre son comportement chaotique et l'affaiblissement de sa fille.

Elle continuait d'ailleurs à la poser n'importe comment, si l'infirmière n'y prêtait pas garde, et aussi à partir pour de longues heures, sans rien dire, pour aller danser - et boire. C'est comme si Poucette, dans ces moments-là, avait complètement disparu de la représentation psychique de sa mère. Il était clair qu'il fallait organiser un meilleur portage de cette enfant.

Les pédiatres et le service social de l'hôpital s'étaient décidés à faire un deuxième signalement. Il était dorénavant question d'un placement c'est-à-dire de trouver pour ce bébé, une « Autre », qui pourrait assurer auprès d'elle la continuité et les soins adaptés que sa mère ne pouvait lui offrir.

Durant ce temps d'hospitalisation, le Groupe Bébé[43] a une importance toute particulière. C'est un temps d'échange entre parents et enfants mais c'est aussi pour nous un temps d'observation qui permet de mieux évaluer la qualité de ces échanges. La maman de Poucette a mis du temps à venir, malgré les sollicitations, car c'est une femme qui ne supporte pas facilement le regard des autres, il a fallu l'apprivoiser avant qu'elles puissent y venir toutes les deux avec plaisir. Tout le monde a pu constater avec soulagement que Poucette avait la capacité de nouer des relations avec les soignantes et se réjouissait par exemple qu'elle puisse maintenant, après un mois d'hospitalisation, pleurer quand on la posait dans son transat au lieu de rester avec ses grands yeux écarquillés sans rien dire. Sa mère elle-même, qui la laissait sans un regard quelques

[43] Le Groupe Bébé est présenté ci-après par L. Miller.

semaines auparavant, constatait qu'elle protestait maintenant quand elle partait et pouvait même s'étonner si sa fille ne pleurait pas lors de son départ. Après la tête en bas c'était le monde à l'envers. Il fallait en quelque sorte que ce soit son bébé qui lui dise au revoir quand elle s'en allait brusquement pour ses escapades imprévisibles.

Nous avons pensé que ces deux-là avec vraiment besoin l'une de l'autre et qu'il fallait imaginer pour elles un dispositif qui assure à la petite Poucette la stabilité du portage, pour la mettre à l'abri des inconstances de sa mère fantasque, mais qui ne les séparerait pas trop quand même, pour que cette maman puisse continuer à tisser avec sa fille des liens peut-être discontinus mais bien réels.

Nous disposons d'un Placement Familial Thérapeutique dans notre service de pédopsychiatrie, que nous mettons à la disposition des parents et des enfants. Nous essayons de le faire le plus malléable possible selon les situations qui nous sont présentées. Chaque situation est traitée en « sur-mesure », pour éviter les traumatismes des « placements » à temps complet classiques, où la séparation de la mère et du bébé ajoute au traumatisme de la maltraitance ou de la carence parentale. L'équipe du Placement a décidé de mettre en place un système d'Assistante maternelle à la journée accompagnée par une éducatrice de notre service. Après deux mois d'hospitalisation la petite Poucette et sa maman ont ainsi pu sortir de l'hôpital avec un contrat de nourrice à la journée.

La petite Poucette est déposée le matin chez la nourrice par sa maman et reprise le soir. En outre, les week-end étant particulièrement à risque du fait des sorties souvent alcoolisées de la maman, la petite fille reste chez sa nourrice tout le week-end, en garde complète, sauf si la maman désire l'emmener voir ses frères et sœurs aînés qui viennent de temps en temps le week-end chez leur mère. Une éducatrice de notre service accompagne régulièrement ces différents moments. La maman a noué avec tous les intervenants des liens transférentiels très forts et très confiants. Le montage est encadré par la PMI et par l'Aide Sociale à l'Enfance, qui sont des partenaires importants de ce dispositif. Le placement à temps complet a pu être évité grâce à cela.

Le moment de l'installation chez une assistante maternelle dans ce contexte « contractuel » est un moment à haut risque car la mère peut se sentir dépossédée de sa place de mère et répondre en retour par un désinvestissement de l'enfant. A la première rencontre Poucette gazouillait en direction de sa future nounou. Nous étions un peu inquiets de ce très bon contact et que la mère puisse en prendre ombrage. Mais cela ne fut pas le cas. Elle a simplement dit : « C'est parce que je l'avais prévenue ». Comme si, elle qui ne la prévenait jamais de rien, pas plus de ses absences que de ses retours inopinés, elle nous montrait qu'elle avait compris le message.

Poucette a mis quelque temps à s'adapter à sa maman de substitution. Pendant les premières semaines, son visage était plus immobile, elle semblait plus triste, elle d'ordinaire si pétillante, avide de sa mère, le regard scrutateur. Tout cela avait disparu. Nous étions un peu inquiets, peut-être à tort, sans doute n'avait-elle plus besoin maintenant de séduire, d'appeler, de quêter du regard, de scruter pour être entendue, vue, reconnue. Elle pouvait être plus tranquille.

Avec ses deux mères, très différentes mais qui l'aiment toutes les deux, elle a grandi, grossi, les vomissements ont définitivement cessé. Elle peut « profiter » psychiquement et physiquement de chacune d'elles.

La petite Poucette a aujourd'hui un an. Les allées et venues de l'une à l'autre, souvent accompagnées par l'éducatrice, ne se passent pas trop mal. A l'arrivée de sa maman le soir, Poucette peut sourire, gazouiller, se pencher pour l'attraper. Sa maman ne voit pas toujours les approches de sa fille. Il faut lui dire de lui répondre, de la prendre dans ses bras, et là, sa fille est ravie...

Nous sommes parfois inquiets de ce qui peut se passer à domicile où nous sommes allés plusieurs fois. La mère semble vouloir nous montrer sa bonne volonté, mais nous ne sommes jamais bien sûrs qu'elle se soit appropriée complètement les conseils qui lui sont donnés.

Ainsi lors d'une visite à la PMI, la maman est très soucieuse que l'éducatrice soit présente pour servir de médiateur avec le médecin. « C'est plus facile quand vous êtes là. » Le médecin trouve que la mère est confuse. Ce jour-là la mère a préparé de la nourriture pour Poucette et elle est soucieuse de demander au médecin si c'est en quantité suffisante. Pendant cette discussion Poucette est sur les genoux face à sa mère, elle pose la bouche sur sa mère... comme pour la manger. Et elle regarde sa réaction ou plutôt sa non-réaction. Elle recommence plusieurs fois pour vérifier...

Il n'est pas sûr que la maman applique à la maison toutes les consignes qui lui ont été données ce jour-là mais en tout cas elle les retransmet dans le détail à la nourrice. Elle respecte très bien le cadre de ce « placement à la journée » qui lui est proposé. Et elle ne s'autorise à le modifier qu'après en avoir parlé.

Au travers des diverses discussions qu'elle a eues avec l'éducatrice autour de ses moments d'alcoolisation , il lui a été proposé de nous prévenir par téléphone, si elle ne se sent pas en état de s'en occuper, et de laisser sa fille chez la nourrice. Elle s'en est saisie et a réussi plusieurs fois à appeler pour dire qu'elle ne pouvait pas venir chercher sa fille.

La question qui se pose maintenant est celle de la suite. Cette question nous est posée avec insistance par l'Aide Sociale à l'Enfance. Tout ce travail d'accompagnement va-t-il permettre à cette mère et à cette petite fille « de mieux se comprendre » ? Et dans quel délai ? Il nous semble que ce dispositif doit être maintenu en l'état pour le moment. Mais les instances administratives ne l'envisagent pas de cette façon. Si cette maman n'est pas en état de reprendre sa fille (ce qui nous semble en effet exclu pour le moment, d'ailleurs la maman ne le demande pas), il nous faudrait alors organiser un « placement » plus classique. Nous tentons pour le moment d'argumenter avec l'Aide Sociale à l'Enfance pour permettre la poursuite de ce dispositif dont tout le monde semble profiter...

Commentaires

Cette situation est intéressante car les intervenants ont essayé de faire un montage particulier y compris sur le plan financier (avec un budget alloué par la D.D.R.A.S.S pour le soutien à la parentalité).

Il s'agit d'un demi-placement ou placement à temps partiel afin d'éviter des séparations trop définitives d'avec la famille.

On pourrait parler d'une mise en place d'un *holding* pour la mère *et* l'enfant.

Rappels Théoriques :

Winnicott a inventé le concept de « holding » en observant la manière dont la mère contient et maintient son bébé dans ses bras.

Winnicott l'a élaboré pendant la seconde guerre mondiale, au moment de l'évacuation des enfants londoniens à la campagne, en constatant que pour certains enfants - qui devaient être déjà en difficulté auparavant -, la séparation d'avec la famille avait entraîné des comportements anti-sociaux.

Il a tenté d'aider ces enfants en essayant de comprendre où se situaient les disfonctionnements dans leurs familles d'accueil.

Dans « le placement familial peut-il être thérapeutique ? » Winnicott décrit comment il a organisé des lieux de vie avec un groupe d'enfants et des experts : un éducateur, une assistante sociale et un psychanalyste, afin de mettre en place le *holding* du couple de la famille d'accueil.

Après la guerre, Winnicott va être amené à réfléchir sur le retour de ces enfants dans leurs familles, retour qui va s'avérer catastrophique.

Dans les années 1950, il reprend ce concept de « holding » comme paradigme de la situation psychanalytique : dans ce travail, il évoque les enveloppes qui maintiennent l'enfant et le travail qui se fait dans un mouvement circulaire.

Dans les ruptures, l'enfant risque sa vie physique et psychique et les dégâts ultérieurs peuvent être importants.

Les travaux de Roussillon sur le transfert psychotique montrent l'importance d'étendre le cadre du travail à l'entourage du patient (cf. *Paradoxes et situations limites de la psychanalyse*, P.U.F., 1991).

Remarques sur l'histoire de Poucette

C'est l'agrippement par le regard adressé à l'Autre qui fait penser qu'en dépit des carences que Poucette a subies, elle n'a pas développé de retrait autistique.

En effet, la question autistique semble articulée à un champ de l'Autre radicalement absent, alors que Poucette a affaire à un Autre évanescent, dont les intermittences sont imprévisibles pour elle, car elles sont fonction de l'état psychique de sa mère. De ce fait Poucette développe un syndrome de sur-agrippement et une hyper-maturité.

A la suite de son hospitalisation en pédiatrie, Poucette devient capable de pleurer et de réclamer sa mère, à la place de sa sur-adaptation initiale. L'hypothèse que l'on peut faire c'est qu'il s'agit du résultat du portage, véritable *holding* réalisé par les soignants de pédiatrie. Ceci semble confirmé par le fait qu'en parlant avec la mère, nous apprenons qu'elle avait été aidée par sa sœur durant les quatre premiers mois au moment de la naissance de Poucette. C'est seulement après le départ de la sœur que la mère n'a pas pu prendre en charge Poucette, provoquant l'état de dénutrition qui a déterminé son hospitalisation en pédiatrie. Autrement dit, la mère de Poucette semble avoir besoin d'un étayage non seulement physique mais aussi psychique, véritable *holding* qui lui permette de « tenir » à son tour sa fille.

La question que pose l'histoire de Poucette est celle de la suppléance. En effet, comment suppléer - sans se substituer - les intermittences de la mère ? Cette discontinuité relève autant de l'acoolisme que de l'organisation psychique de la mère. Poucette en effet, ne semble pas prise dans une représentation de sa mère qui engloberait le bébé.

En tout cas, le choix de l'équipe de l'UTAF va être de mettre en place un placement dans un cadre particulier avec une alternance entre l'assistante maternelle et la mère.

A la deuxième consultation la mère est tendue et sa fille a perdu 100 g, Poucette va moins bien depuis qu'elle est accueillie chez l'assistante maternelle.

Nous pensons que paradoxalement, ceci peut être lu comme un signe positif : en effet, Poucette peut se permettre de s'effondrer car quelque chose tient au champ de l'Autre, ce qui constitue un signe de sortie de l'état antérieur d'agrippement et d'hyper vigilance sur un mode dépressif.

Le moment décrit où Poucette suce, tète, « goûte » sa mère et attend sa réaction traduit l'inscription pour Poucette du troisième temps du circuit pulsionnel, où elle essaye de susciter la jubilation de sa mère. C'est là qu'on peut voir qu'elle s'est construite avec des moments où sa mère répond et d'autres où elle s'absente, et pour survivre, Poucette doit trouver des stratégies pour assurer la permanence de sa mère.

Ainsi, cette question de la suppléance se pose non seulement en termes qualitatifs mais aussi en termes de durée : jusqu'à quand l'étayage doit-il se prolonger pour garantir la construction psychique de cette enfant ?

La relation de cette petite fille à son assistante maternelle se passe bien, cette dernière est en place de « grand'mère maternelle » et la mère la respecte. La mesure d'OPP de garde à temps partiel permet que la mère ne soit pas disqualifiée. La situation est moins incertaine que ce qui aurait pu se passer sur le plan symbolique dans une pouponnière, par exemple.

La question de l'émergence du bébé par rapport au fonctionnement psychique maternel est très complexe, et sans doute différente selon les structures et leur expression clinique. Un autre point fondamental reste la place que l'enfant peut occuper dans ce fonctionnement psychique maternel, en particulier en cas de psychose.

En tout état de cause, il faudrait être plus présent dans les maternités et faire un vrai partenariat avec les équipes de P.M.I. afin de pouvoir être vigilants quant à la manière dont s'établit le lien précoce mère/enfant.

Le groupe bébé

Lydie MILLER,
Psychanalyste,
Aulnay-sous-Bois (93)

Je vais vous parler d'une expérience de travail de liaison intensif entre un service de psychiatrie de l'enfant et de l'adolescent et un service de pédiatrie générale à l'hôpital d'Aulnay-sous-bois, en Seine-Saint-Denis, France.

Bref historique

Le Groupe Bébé s'est mis en place en 1985 sur l'initiative du chef de service de pédopsychiatrie de l'époque. Avec comme point de départ les données de René Spitz sur l'hospitalisme (1945), ce projet en quelque sorte a concrétisé toute une réflexion à propos des effets iatrogènes de l'hospitalisation sur le développement des jeunes enfants. A l'origine, une équipe réduite (un pédopsychiatre, une infirmière et une éducatrice spécialisée) intervenait de manière informelle dans les chambres pour tenter de prévenir les méfaits chez l'enfant d'un séjour hospitalier plus ou moins prolongé. Après avoir exercé dans une consultation du secteur pendant 10 ans, je suis arrivée au Groupe Bébé en 1987. Peu à peu, le cadre du Groupe Bébé s'est précisé, des horaires ont régulé les interventions et de nouveaux professionnels sont arrivés (une éducatrice de jeunes enfants et une psychomotricienne). Au fil des années, le personnel s'est partiellement renouvelé et les objectifs de travail n'ont pas cessé d'évoluer. Le cadre matériel actuel est instauré depuis 1991.

Principes de fonctionnement

Le Groupe Bébé fonctionne quatre jours par semaine (lundi, mardi, jeudi, vendredi) dans la salle de jeux attenante au service de pédiatrie. Il est ouvert pendant une durée d'une heure (horaires fixes) aux enfants âgés de moins de cinq ans, accompagnés de leurs parents. Dans certaines situations particulières ou en raison de l'indisponibilité des parents mais avec leur accord, les enfants peuvent également être reçus seuls, cette éventualité n'est tout de même pas fréquente. Bien que les pères soient parfois présents, ce sont surtout les mères qui sont rencontrées, lors de cette activité.

Si l'éducatrice de jeunes enfants est présente à chaque séance, les autres personnes permanentes de l'équipe participent alternativement à deux séances hebdomadaires. L'éducatrice de jeunes enfants, secondée dans sa tâche le plus souvent par la psychomotricienne, assiste au « Point Malades » qui a lieu en début de matinée dans le service de pédiatrie. Elle prend alors connaissance d'un certain nombre d'informations. - contre-indication du Groupe Bébé pour les enfants qui sont contagieux ou qui nécessitent des soins importants, - préoccupations des pédiatres, des infirmières et des aide-soignantes à l'égard de certains enfants qui manifestent une pauvreté de contacts et de mimiques, une agitation intense avec pleurs durables ou encore des difficultés d'alimentation ou de sommeil. Les observations des soignants concernent également les parents lorsqu'ils se montrent particulièrement anxieux, dépassés ou démunis face aux troubles de leur enfant.

Puis, l'éducatrice de jeunes enfants passe de chambre en chambre, pour inviter tous les parents et les enfants à la séance. Ce « tour » permet de présenter les modalités du Groupe Bébé. Par ailleurs, une affiche, disposée à l'extérieur de la salle de jeux et dans chaque chambre, indique le nom et la fonction des personnes qui prennent en charge l'activité, et les horaires d'ouverture. Bien entendu, les enfants peuvent venir dans la salle de jeux avec tout leur attirail de soins (perfusions, seringues électriques, appareillages divers).

Quoique le nombre d'enfants reçus au Groupe Bébé soit variable, la séance rassemble en moyenne cinq familles. L'activité est suivie d'une réflexion d'une demi-heure à une heure, le « Post Groupe », où s'échangent les observations recueillies. L'équipe se retrouve également au complet pour une réunion institutionnelle et une lecture de textes, respectivement le deuxième et le quatrième mardi du mois.

Depuis les balbutiements du Groupe Bébé, les objectifs de prévention initiaux, nourris par l'expérience et de nouveaux apports théoriques, se sont étendus au champ thérapeutique.

Quelques remarques

L'appellation Groupe Bébé semble tout à fait fortuite. Née avant d'être (sur)nommée, cette activité est empreinte de toutes les significations conscientes et inconscientes que chacun lui accorde. En effet, à première vue, le terme est peu adéquat pour désigner l'accueil de plusieurs bébés mais aussi d'enfants un peu plus grands accompagnés de leurs parents. En fait, ces mots Groupe Bébé contribuent à soulager la culpabilité des parents, particulièrement aiguisée par le contexte de l'hospitalisation. Autrement dit, l'accent porté sur le bébé et non sur les parents, peut permettre d'éviter des fantasmes de disqualification parentale et protège ainsi le narcissisme du père et de la mère. Restaurés narcissiquement, ces derniers peuvent à leur tour protéger le narcissisme de leur enfant. En définitive, cette appellation répond au souci éthique qui doit guider le travail du psychanalyste : en prenant d'abord soin des parents, il peut prendre soin de l'enfant. Sur un autre registre, Groupe Bébé sans « s » renvoie à la singularité des individus humains. Le travail effectué dans le groupe prend appui sur l'unicité des échanges que chaque thérapeute établit avec ses différents interlocuteurs.

Nos positions théoriques

Nous intégrons différents points de vue à notre pratique quotidienne : - l'observation psychanalytique du bébé dans sa famille selon la méthode d'Esther Bick, - l'observation en institution et la valorisation des compétences du bébé par Emmi Pickler et l'école de Loczy, - les recherches en psychosomatique, - l'apport de notre clinique quotidienne à l'hôpital, centrée sur le bébé et les troubles de la parentalité, - et plus particulièrement pour le cas de Poucette, la notion de médium malléable (M.Milner) avec ses caractéristiques d'indestructibilité, extrême sensibilité, indéfinie transformation, inconditionnelle disponibilité et animation propre.

Notre approche clinique

Les bébés déprimés font partie de notre clinique habituelle. Hypertoniques, ils refusent tout fouissement dans la cavité primaire de leur mère ; hypotoniques, tout à fait mous, ils ne peuvent pas être tenus dans les bras et glissent sans que leur mère puisse les retenir. Les parents ont des capacités diverses à contribuer à la guérison de la dépression de leur enfant. Souvent cela nécessite que la chambre des enfants ne soit pas trop remplie de leurs fantômes (cf. les travaux de Maria Torok et Nicolas Abraham). D'autre part la dépression du bébé met en cause le processus de parentalisation.

Quelques exemples cliniques

Lewis : un cas de névrose. Nous voyons l'enfant et ses parents le jour de la sortie. Ils demandent une consultation. - John : sa mère est une femme à la conduite psychopathique, idéalisée, mise en avant pour soulager un narcissisme défaillant. Un placement et une psychothérapie de l'enfant avec des consultations pour la mère sont organisés. - Annabelle et Isabelle : il s'agit d'une organisation psychosomatique (anorexie) où les parents ont une difficulté majeure à dominer leur dépression. Des visites à domicile sont mises en place. - Stefany : Il y a là un risque d'évolution dysharmonieuse où très tôt les attitudes du bébé (nourri par une sonde stomacale) montrent qu'il recourt à l'auto-sensorialité et tend à considérer ses parents comme un instrument. Une thérapie psychomotrice a été prescrite. - Anny : il s'agit d'un risque d'évolution psychotique chez une enfant présentant des signes de repli autistique avec une mère déprimée. Un groupe thérapeutique, une psychomotricité et une thérapie conjointe mère-enfant ont été proposés. - Émile, Léonie, Amin : les bébés mascotte, certains très carencés, abandonnés à l'hôpital, d'autres avec un pronostic létal. Il s'agit dans leur cas de longues hospitalisations qui permettent aux professionnels du service d'individualiser leurs relations avec les enfants, de se déprimer ensemble et de resserrer leurs liens.

Conclusion

Par leur présence attentive et leurs échanges personnalisés, les thérapeutes du Groupe Bébé autorisent l'enfant à reprendre goût au jeu et à la rêverie et les parents à retrouver une place auprès de leur enfant : l'utilisation de la salle de jeux comme lieu intermédiaire entre le dedans (l'hôpital) et le dehors (la maison) est propice à l'expression des conflits consécutifs à l'effraction corporelle et psychique que constitue l'hospitalisation. Les parents peuvent ainsi replacer la maladie de leur enfant et la douleur qui l'accompagne dans l'histoire de leur vie. Cependant, le Groupe Bébé permet aussi la détection précoce des troubles de la relation chez les jeunes patients hospitalisés, qu'ils soient antérieurs, engendrés, majorés ou révélés par l'hospitalisation. Selon la sévérité des troubles, l'orientation de la famille vers un autre cadre de soins peut être envisagée, orientation facilitée par l'implantation des thérapeutes du Groupe Bébé dans d'autres services de l'Inter secteur : Consultation Hospitalière, CMP, Hôpital de Jour, Placement Familial Thérapeutique.

Laura et Maureen : Deux difficultés du regard rencontrées en crèche

Graciela C. CRESPIN,
Psychanalyste, Paris

Le travail constant de réflexion mené par une équipe de crèche autour de l'accompagnement des enfants s'avère particulièrement fructueux lorsqu'un enfant rencontre une difficulté de parcours et l'on verra que cela peut être plus fréquent qu'on ne le pense ...

Un des aspects les plus fondamentaux du développement de l'enfant au cours de la première année de la vie, tourne autour de ce que j'appelle « la clinique du regard ». Cela renvoie au fait que dès les minutes qui suivent la naissance, si les choses vont suffisamment bien pour un bébé, il accroche du regard. C'est-à-dire que l'adulte tutélaire, l'Autre de la rencontre primordiale, ses parents à l'occasion, ont tout de suite le sentiment d'être ***regardés*** par le bébé, et de pouvoir à leur tour le ***regarder***. Ceci a pour conséquence immédiate la mise en place de ce qu'on appelle, en terminologie interactive, le *dialogue œil à œil.* Il traduit l'apparition du regard, en tant que fonction psychique de communication, articulée à la vision, mais sans se confondre avec elle.

En effet, c'est J. Lacan qui nous a appris à distinguer le regard de la vision[44] : à l'instar de la dualité de l'objet oral, qui est doublement constitué par l'aliment et la dimension symbolique du don qui l'accompagne, qui transforme en *nourriture* un aliment, l'objet scopique[45] est également double : Au-delà de la capacité sensorielle de voir, il se double de la signification de *regarder* et d'*être regardé*, d'être *vu* par l'Autre, au sens d'exister pour lui.

Dans le schéma optique[46], Lacan nous apprend aussi que pour que le regard du bébé se constitue, il faut que la mère, du côté de l'Autre, le regarde aussi, au sens d'avoir une représentation psychique de lui, une image de lui à laquelle le bébé vient s'identifier.

---

[44] J., LACAN, « *La schize de l'œil et du regard* » in Séminaire XI : Les quatre concepts fondamentaux de la psychanalyse, Paris, Seuil, 1973.

[45] Lacan appelle « pulsion scopique » tout ce qui intéresse la question du regard.

[46] On peut voir à ce propos l'article sur le schéma optique dans le « *Dictionnaire de la Psychanalyse* » sous la direction de R. Chemama, Paris, Larousse, 1973.

Cette mise en place du regard, en tant que fonction psychique, qu'indicateur de présence, est problématique si le bébé ou les circonstances qui entourent sa naissance sont complexes ou difficiles. Ainsi, les bébés en souffrance ou élevés par des mères en souffrance, peuvent présenter ce que j'appelle des ***temps de vacillation du regard***, c'est-à-dire des périodes pouvant aller de quelques jours à quelques semaines, parfois quelques mois, où le bébé évite ou semble ne pas accrocher du regard.

Ces bébés sont souvent explorés sur le plan neurologique car on suspecte un déficit sensoriel, mais l'idée que la perception humaine nécessite un montage entre un fonctionnement d'organe et un appareillage signifiant, est loin d'être acquise encore. Ainsi, il ne suffit pas de voir pour regarder, les enfants autistes sont là pour nous le prouver, eux qui n'ont pas de regard alors qu'ils voient, et il n'est pas impossible de regarder alors qu'on ne voit pas, comme c'est le cas des bébés aveugles, ainsi que de nombreuses études l'ont mis en évidence.[47]

J'ai choisi d'évoquer l'histoire de Laura parce que précisément son histoire est complexe, car certes elle ne *voit* pas, mais aussi et fondamentalement elle ne *regarde* pas. J'évoquerai aussi l'histoire de Maureen, car elle est aussi exemplaire de la dynamique du miroir et du travail de prévention qui peut être effectué dans le lieu de vie-crèche autour de ces enfants.

Le regard de Laura, ou le regard n'est pas la vision

Laura arrive à la crèche à l'âge de 3 mois et demi. C'est un bébé calme et placide, qui interpelle immédiatement son auxiliaire de référence parce qu'elle n'accroche pas le regard[48].

Nous observons alors que sa mère ne la regarde pas non plus, et que, manifestement inquiète, elle évite de voir que nous regardons Laura, et que nous la voyons ne pas nous regarder… Laura commence à présenter des signes de la série pré autistique, et nous sommes fort inquiets : Laura n'accroche pas du regard, Laura se manifeste peu, ne réclame rien, commence à faire des jeux de doigts devant ses yeux, et

---

[47] Des études comparatives faites entre des bébés aveugles et des bébés autistes mettent en évidence qu'un bébé aveugle a un *regard* même s'il n'a pas la vision, et que le bébé autiste, tout en ayant la vision, n'accède pas au regard. S. Freiberg aux Etats Unis dans les années 80 prouve que les bébés aveugles « répondent au regard de leur mère : ils sourient en touchant son visage, ils appellent en entendant sa voix ».

[48] Nos équipes d'auxiliaires sont très entraînées à l'observation des bébés qu'elles accueillent.

s'intéresse un peu trop à son mobile au-dessus de son berceau[49]... la maman nous évite, et notre inquiétude monte... après maintes concertations en réunion, nous décidons dans un premier temps de respecter l'évitement de la mère, tout en essayant d'entrer en relation avec Laura, ce qui s'avère impossible : Laura ne répond pas, Laura s'enferme de plus en plus dans son univers circulaire.

Quand Laura a eu quatre mois révolus[50], nous avons décidé en équipe que le médecin de la crèche intervienne pour faire part à la maman de nos inquiétudes. Le médecin nous semblait le mieux placé pour le faire sans être trop persécuteur : ainsi nous apprenons à ce moment là que la maman a pris un rendez-vous en ophtalmologie, pour faire vérifier la vision de Laura. Nous attendons alors patiemment les résultats des examens.

A l'âge de 5 mois, le diagnostic tombe : Laura a une cataracte congénitale évolutive à l'œil droit, qui le lui a pratiquement fait perdre. Elle ne distingue que des ombres de cet œil, et il faut immédiatement que Laura porte des lunettes, avec des caches plusieurs heures par jour, et une intervention chirurgicale est programmée ...

Le diagnostic fait effet d'interprétation pour la mère : tout se passe comme si elle avait pu se dire : « *c'est donc pour cela que ma fille ne me regardait pas !* » à la place de : « *et non pas parce que je n'étais pas une mère suffisamment bonne, comme je l'ai craint* »... L'effet immédiat a été que le regard maternel s'est constitué, et que l'identification de Laura à l'image d'elle-même qu'enfin sa mère lui adresse ne se fait pas attendre : dans les 48 heures, Laura se met à regarder !!!

L'histoire de Laura me semble exemplaire à plusieurs titres : d'une part, ce n'est pas parce que Laura ***ne voit pas*** qu'elle ***ne regarde pas*** : le lendemain du diagnostic, sa vue n'a pas encore progressé, et elle nous regarde déjà !! Le regard, en effet, n'est pas la vision, comme nous le rappelle J.Lacan[51]. Le regard se met en place parce que quelqu'un nous regarde, au sens de nous propose, dans son regard, une image de nous-

---

[49] Ces signes sont bien connus comme apparaissant chez des bébés qui s'organisent au cours de la deuxième année sur un mode autistique.

[50] Quatre mois est l'âge auquel intervient le premier examen de dépistage des syndromes autistiques, (recherche PREAUT, actuellement en cours sur une dizaine de départements français), auquel Laura aurait été positive.

[51] On peut voir à ce propos la distinction que Lacan propose entre regard et vision dans le *Séminaire XI : Les quatre concepts fondamentaux de la psychanalyse,* Seuil, Paris, 1973, chapitre sur « La schize de l'œil et du regard ».

mêmes[52]. La particularité du regard de Laura, son anomalie visuelle, si je puis m'exprimer ainsi, a fait que sa mère, dans le miroir, s'est sentie déstabilisée : sa fille refusait de la regarder - du moins ainsi le ressentait-elle -, sa fille ne l'aimait donc pas, le miroir ne répondait pas qu'elle était la plus belle !! Pour se protéger contre l'insupportable, la mère s'est mise à l'éviter, et ne la regardant pas, Laura, du coup, ne pouvait pas non plus regarder sa mère.

Donc, au moment où le diagnostic est énoncé, il ***fait effet d'interprétation***[53], c'est-à-dire qu'il tient lieu d'*explication* pour la mère du pourquoi sa fille ne la regardait pas : tout se passe comme si la mère avait pu se dire « c'est pour cela qu'elle ne me regardait pas ! » et, ne se sentant plus en cause, avait pu se mettre à la regarder. Ceci a tout de suite eu pour effet que Laura se mette aussitôt à nous regarder, avant que sa vision ait pu être modifiée !

Les traitements ophtalmologiques ont pu se mettre en place et être scrupuleusement suivis, avec l'aide du personnel de la crèche. Laura est devenue une petite fille espiègle, qui fait plutôt marcher sa maman, qui a du mal à lui mettre des limites !

Par ailleurs, l'histoire de Laura est intéressante du point de vue de l'impact du suivi de prévention et de ses limites : notre vigilance est tout à fait perceptible pour la mère, même si elle est un peu persécutrice… mais du fait que la mère choisit de ne pas nous en parler, nos tentatives d'entrer en communication avec Laura restent infructueuses … nous ne sommes pas « autorisés », par la mère, à faire partie du champ de l'Autre pour Laura.

Il est probable que si les choses ne s'étaient pas dénouées rapidement et de manière favorable, nous aurions pris sur nous d'interpeller la maman pour savoir si tout ce qui était possible était fait pour Laura, même si la maman ne semblait pas nous le demander. Notre vigilance attentive mais non intervenante trouve sa limite lorsque ce que nous observons nous semble nécessiter une intervention rapide et pertinente : à ce moment là nous interpellons les parents, qui cependant resteront maîtres de la suite qu'ils donneront à notre sollicitation.

---

[52] On peut aussi voir à ce propos l'article de Winnicott « La rôle de miroir de la mère et de la famille dans le développement de l'enfant » in *Jeu et Réalité*, Gallimard, Paris, 1975 .

[53] Toutefois, il faudrait se garder de penser que les diagnostics ont toujours ce type d'effets : *à contrario,* ils peuvent définitivement déstabiliser l'investissement parental, en indiquant un handicap ou une atteinte qu'ils ne se sentent plus capables d'assumer. Il faut toujours rester vigilants dans l'après-coup pour en observer les effets.

La mimique de Maureen

Maureen est une petite fille qui présente un syndrome de Noonan[54]. Quand elle arrive à la crèche, à l'âge de 3 mois et demi, elle présente un faciès particulier, et la maman nous informe aussitôt du diagnostic ainsi que du fait que Maureen en présente une forme mineure. Cependant, des lourdes attentes quant à son devenir pèsent sur elle, et les auxiliaires sont désireuses d'en savoir plus.

Le médecin de la crèche est sollicité pour nous fournir davantage d'information concernant ce syndrome peu fréquent et assez mal connu. Les informations auxquelles nous avons accès sont assez floues et ne nous laissent pas prévoir l'évolution de Maureen. Dès ses premiers temps de séjour à la crèche, Maureen fait l'objet de soins tout particuliers de la part de son auxiliaire, qui ne cache pas qu'elle se sent assez angoissée à l'idée de « ne pas faire comme il faut ».

Il est clair que cette position, souvent induite par un problème médical lourd ou un handicap, a l'inconvénient de produire, chez l'adulte en place d'Autre pour l'enfant, une attitude plus réglée par rapport à la difficulté qu'à l'enfant lui-même, en tant que personne. Tout se passe comme s'il voyait plus le handicap que l'enfant lui-même, et ainsi celui-ci deviendrait, non pas un sujet, mais un *objet* de soin ... et les réponses de l'adulte, plus qu'un langage, une conduite purement opératoire.

Quelque temps plus tard, j'arrive à la crèche un jour où l'on m'attend avec impatience, car la maman a dit aux auxiliaires que le neuro-pédiatre a dit que si Maureen mangeait à la cuillère, elle parlerait !! En causant, bien entendu, une immense expectative mais aussi une grande perplexité chez les auxiliaires : car tout ce que l'on sait à ce moment-là, c'est que Maureen risque de faire des fausses routes, ce que les auxiliaires redoutent par-dessus tout, et de ce fait, ne donnent pas encore à manger à Maureen à la cuillère.

Je réfléchis aux propos rapportés du neuro-pédiatre, et déclare que je ne sais pas, et que je suis aussi perplexe qu'elles, mais que dans tout cela il y a une chose qui me semble importante : c'est que Maureen prenne du plaisir en se nourrissant. Et aussitôt j'interroge son auxiliaire de référence, en lui demandant si Maureen apprécie bien ce qu'elle lui donne à manger.

---

[54] Le syndrome de Noonan est un syndrome génétique assez rare, qui comporte des risques malformatifs ainsi qu'un déficit de la croissance et de la fertilité. Dans la forme légère qu'en présente Maureen, il y a une légère dysmorphie, une malformation cardiaque opérable et une lenteur de croissance et de développement.

Silence perplexe et consternation : on ne s'était jamais posé la question de savoir si Maureen aimait ou pas ce qu'on lui proposait à manger, tellement on était préoccupé par le fait qu'elle avale bien sans faire de fausse route ! Je demande à nouveau si Maureen exprime son plaisir ou son déplaisir ... l'auxiliaire ne sait pas, songeant au petit visage légèrement dysmorphique et peu expressif de Maureen... je lui demande si elle, quand elle la nourrit, lui exprime, par sa mimique, le plaisir qu'elle éprouve de lui donner quelque chose de bon... avec des « mmm ! mmmm ! »

L'auxiliaire, pâle comme un linge, dit : « je le fais pourtant avec tous les autres enfants, mais pas avec Maureen ! » L'exemple est trop enseignant : aussitôt je dis à son auxiliaire qu'il faut cesser d'être aussi préoccupée par la façon dont Maureen avale, pour être davantage avec elle dans un plaisir partagé, et lui signifier tout son plaisir qu'elle se régale avec les bonnes choses qu'elle lui donne à manger.

C'est la fin de la réunion et bientôt l'heure du goûter : l'auxiliaire s'en va de ce pas signifier à Maureen tous les délices qu'elle aura à lui proposer pour son goûter !

Dès la semaine suivante, Maureen montre, ostensiblement, ce qu'elle aime et ce qu'elle n'aime pas. Elle a en quelques jours acquis les mimiques socialisées de plaisir et de déplaisir, aussitôt qu'elles lui ont été présentées dans le miroir...

Ce qui me semble exemplaire dans l'histoire de Maureen, c'est que dans les cas où un enfant présente un problème, on ne se comporte pas avec lui de la même manière spontanée qu'on le fait avec les autres, et on met alors en place, sans le savoir, un ***déficit de transmission***, qui se détecte, ensuite, comme déficit chez l'enfant. L'absence d'acquisition des mimiques socialisées de plaisir et de déplaisir dans le cas de Maureen, ont été d'abord comprises comme un déficit chez Maureen, sans nous apercevoir que c'est d'abord au champ de l'Autre, au niveau de la transmission, que le déficit se trouvait !

Il n'est pas inutile, ici, de rappeler la dynamique du miroir, pour montrer comment la dysmorphie ou autres atteintes *visibles*, de type narcissique, peuvent être à l'origine de difficultés d'investissement, le miroir de nous-mêmes que l'enfant nous tend alors est un miroir dans lequel on n'a pas envie de se mirer ! Cet écueil peut seulement être surmonté si un travail d'investissement qui ne s'appuie pas que sur le versant narcissique est réalisé.

Bien des formes déficitaires sont certainement *fabriquées* comme cela. Elles pourraient être évitées si seulement on s'apercevait de la manière dont on se positionne vis à vis de l'enfant, compte-tenu de notre représentation de sa difficulté et de notre tâche à son égard. Dans l'exemple de Maureen, veiller à sa survie[55] en l'empêchant de faire une fausse route a constitué l'attitude source du déficit, et non sa maladie à elle, à laquelle pourtant on eut tôt fait de l'attribuer !

Par ailleurs, il me semble important de souligner que, contrairement à ce que nous avons vécu avec Laura, la maman de Maureen, compte-tenu de la confiance qu'elle déposait en nous, nous autorisait d'emblée à faire partie du champ de l'Autre pour Maureen. Ceci explique que le changement d'attitude de l'auxiliaire de Maureen ait eu un effet immédiat sur elle, alors que les tentatives de l'auxiliaire de Laura pour lui venir en aide sont restées infructueuses jusqu'au changement d'attitude de la mère à notre égard.

---

[55] Ce qui paraît incontestablement légitime, sauf que si l'on n'y prend garde, cela débouche sur des conduites purement opératoires, source de déficit symbolique pour l'enfant.

Prise en charge psychanalytique parents-bébés

Cette rubrique accueillera des présentations cliniques et des récits de cures de bébés menées en référence à la théorie psychanalytique, et portant sur des observations où le bébé présentait des troubles relationnels précoces. Parfois, la présence de traits d'allure autistique, pouvaient laisser craindre pour lui un danger d'engagement ultérieur dans une organisation de type autistique.

Il s'agira ainsi de réunir du matériel sur des situations où l'installation dans un tableau avéré de troubles relationnels, voire d'un tableau autistique complet, a pu être évitée grâce à ces interventions précoces.

Marine: Sidération et lumière, la voix dans le traitement d'un enfant de quinze mois

Chapitre II

M-C LAZNIK,
Psychanalyste, Paris

Marine n'avait aucun échange de regard avec sa mère. Même la psychologue de la PMI avait des difficultés à capter son regard. Au premier entretien, Marine dans le porte-bébé sur le ventre de sa mère, se cambrait en arrière, en opisthotonos ; son regard semblant chercher à s'accrocher au plafond. La mère se plaignit de ne pas arriver à croiser le regard de son bébé, et décrivit des douleurs abdominales intenses : Marine pleurant très longtemps, sa mère en détresse face aux hurlements de sa fille, n'arrivant pas à la calmer. Nous avons entrepris un traitement bébé-mère dont le compte–rendu se trouve dans le premier volume de ces Cahiers[56].

Ce traitement fut un succès : au bout de six mois, Marine cherchait sa mère du regard chaque fois qu'elle voulait entreprendre une action, ou même entrer en contact avec moi. Le lien me semblait établi entre elles deux.

Après les vacances d'été, je retrouvai une adorable petite fille qui marchait à 13 mois, s'adressant à l'hôtesse, à moi, à sa mère avec qui elle entreprit un dialogue sonore. Elle semblait une petite fille épanouie. La mère proposa de continuer à venir me parler d'elle-même, sa fille lui paraissant aller très bien.

La mère utilisait ses séances individuelles pour travailler sa relation à son corps, à son mari. A la fin de la première séance, elle commenta une certaine fermeture chez Marine. A la séance suivante, ce commentaire fut plus insistant. Au bout d'un mois, elle s'ouvrit d'emblée sur les soucis que son mari et elle se faisaient pour Marine qui s'était refermée et errait sans cesse. Elle me demanda de la revoir.

Quand je la reçus, je fut confrontée à une petite fille qui vaquait partout et qui, tout en suivant ce que je faisais, ne décrocha pas un regard pendant les trente premières minutes. La séance suivante fut à peine moins difficile. Marine ne ressemblait cependant pas à un bébé de 15 mois en devenir autistique qui n'aurait jamais été pris en charge. Même si

[56] M. C. LAZNIK, « Marine, trois mois et demi, présentant un risque d'autisme », in *Aspects cliniques et pratiques de la prévention de l'autisme*. Col. Cahiers de PREAUT, sous la direction de Graciela C. Crespin, Paris, L'Harmattan, 2004.

son refus de communiquer ne l'empêchait pas de suive intellectuellement ce qui se passait, je dus reconnaître que Marine avait fait une rechute grave.

Après les vacances de la Toussaint, à l'heure de la séance de la mère[57], le père l'accompagne. Il n'était jamais venu auparavant, malgré mes invitations. Il se dit très inquiet pour sa fille qui a passé le week-end à empiler, seule dans son coin, des boîtes de cassettes vidéo. Il me demande si je n'avais jamais pensé à l'autisme pour sa fille. Je lui réponds que cette maladie n'est diagnostiquée, en tant que telle, qu'à trois ans et que nous faisons ce qu'il faut pour que ce diagnostic ne puisse pas être posé. Il s'agit d'une réponse qui, tout en ne niant pas son intuition, laisse une porte grande ouverte à l'espoir, d'autant que notre travail entre 3 et 12 mois avait, dans un premier temps, laissé supposer que Marine s'en était tout à fait sortie. Avec des enfants au-dessus de deux ans, quand le tableau autistique est en pleine installation, je n'hésite pas à confirmer le diagnostic. Remarquons, au passage, combien les parents ne sont pas dupes des problèmes de leurs enfants, quand ils osent en parler.

Pendant les deux années qui ont suivi la rechute de Marine, nous avons filmé pratiquement toutes les séances[58]. Voici quelques extraits de la troisième, celle qui suit, de quelques heures, cet entretien avec les parents.

En arrivant, la mère commente sur un ton qui essaye d'être enjoué : « *En venant, on a beaucoup regardé le plafond du métro, de l'ascenseur* ». Je lui réponds, sur le même ton : « *Affaire de prouver à maman qu'elle a bien raison de se donner le mal de l'amener voir Mme Laznik* ». Cet enjouement sert à faire face à l'absence totale de contact avec Marine. Celle-ci, installée face à une petite table de jeu, met et retire, inlassablement, des gros feutres dans un pot qui se trouve face à elle. Marine, qui a un peu de fièvre, a refusé le goûter à la crèche. La mère entreprend de lui donner un yaourt ; ce sera la seule fois qu'elle la nourrira en séance. Marine se laisse enlever la tétine sans quitter un instant les feutres du regard et toujours en les regardant, elle ouvre la

---

[57] A sa demande, nous avions conservé sa séance, en lui trouvant un horaire différent de celui de sa fille.

[58] L'idée est venue du Dr Charles Melman et s'est avérée très utile pour un travail de déchiffrage en micro analyse de la situation. La première cinéaste a été Mme Anouck de Bordas, une collègue qui avait entrepris ses études de psychologie après une longue analyse. Il me semble indispensable que le « cinéaste » ou le « scribe » d'une séance avec un enfant autiste soit quelqu'un de formé à la psychanalyse. Transférentiellement, il me serait difficile de sentir quelqu'un en train de juger ce que j'essaye de mettre en place pour rentrer en contact avec l'enfant. L'année suivante ce fut Mme Catherine Thomas qui avait la même formation. Toutes deux m'ont été très précieuses et je les en remercie.

bouche à la cuillère de yaourt, tandis que sa mère se plaint de ne pas arriver à capter son regard: « *J'essaye des fois mais je n'y arrive pas. Elle tourne la tête* ». Quand je m'adresse à elle, elle ne répond pas plus. Comme si ma voix n'était qu'un bruit parmi d'autres. Les cuillères se succèdent dans la bouche de Marine qui se laisse nourrir tout en ne détachant ni son attention ni son regard des feutres. Un crayon glisse de la table, Marine geint en essayant de le rattraper. Je le lui rapporte en disant : « *Tiens Marine* ». Elle le prend, sans un regard. Je commente à sa place : « *Non, je ne regarde pas Mme Laznik* ». La mère, avec qui on a beaucoup travaillé pendant la première année de vie de Marine, répond à sa place : « *Non, j'ai trouvé ma petite chaise, je suis bien installée. Voilà* ». Ce type de *tour de parole*, qui l'avait tant amusée bébé[59], tombe maintenant dans le vide. La mère, qui continue de la nourrir, vise mal et le yaourt se retrouve sur la joue. Marine n'a aucune réaction.

Il y a dix minutes que la séance a commencé et elle semble devoir se passer sur le mode des deux précédentes, sans aucun lien entre nous et Marine. Je me dis que cette situation ne peut durer, que l'enfant est en danger. Ce renfermement, installé depuis presque deux mois ne peut pas ne pas nuire à son appareil psychique.

Le Pr. René Diatkine et le Dr Jean Bergès disaient, l'un comme l'autre[60], qu'il devait y avoir une « psychosomatique » de l'autisme, que le non usage de l'organe devait bien léser l'organe.

Dialogue avec Monica Zilbovicius

Deux mois après cette séance, au Congrès sur l'autisme de Bonneval en Belgique, j'allai entendre Monica Zilbovicius présenter une de ses recherches qui, à mon avis, offre un support concret à cette hypothèse. Elle et ses collègues avaient procédé à la comparaison de vingt et un enfants autistes primaires avec douze enfants témoins[61]. Ils ont noté une diminution significative, chez les enfants autistes, de la concentration de substance grise au niveau du sillon temporal supérieur (STS), responsable de l'écoute de la voix. Ces résultats semblent compatibles

---

[59] Pour la description du traitement de Marine, pendant sa première année de vie, voir *Les cahiers de Préaut n° 1*, op. cit.

[60] Les deux avaient été des élèves du Pr. J. Ajuriaguerra.

[61] N. Boddaert, N. Chabane, H. Hervais C.D. Good, M. Bourgeois, M.-H. Plumet, C. Barthelemy, M.-C. Mouren, E. Artiges, Y. Samson, F. Brunelle, R.S.J. Frackviak and M. Zilbovicius : « *Superior temporal sulcus anatomical abnormalities in childhood autism : a voxel-based morphometry MRI study* », in Neuroimage, n°23, pp 364-369, 2004.

avec l'hypothèse d'une hypo-perfusion de ces différentes zones chez les enfants autistes[62]

Une discussion s'engagea sur le caractère inné ou acquis d'une pareille différence et Monica Zilbovicius reconnut que nul ne pouvait assurer qu'il ne s'agissait pas d'une différence acquise. Dernièrement, la presse grand-public s'est emparée d'une autre de ses recherches, cette fois-ci sur des sujets autistes adultes[63]. Celle-ci, réalisée avec l'IRM fonctionnelle a montré que le Sillon Temporal Supérieur (STS) représente, chez les adultes normaux, la zone spécifique dévolue au traitement des signaux vocaux, et l'aire fusiforme (FFA) celle dévolue à la reconnaissance des visages : la reconnaissance de la voix humaine et la reconnaissance des visages constituant, comme le rappelle B. Golse, deux axes forts des interactions sociales[64].

Cette étude a comparé cinq adultes autistes de sexe masculin avec huit adultes masculins témoins. Les résultats ont montré qu'il n'y avait, chez les sujets autistes, pratiquement aucune activation du STS ; que l'activation corticale, chez eux était la même pour la voix et les bruits, lesquels par contre étaient traités comme chez les sujets normaux

Pour ma part, je ne peux que souscrire à l'intérêt de cette découverte, tout en trouvant néanmoins remarquable qu'il ne soit que rarement précisé qu'il s'agit d'une recherche concernant des adultes. Cette façon de présenter les choses permet de faire dire à la grande presse que l'on a trouvé la cause de l'autisme quand - dans l'état actuel des recherches - rien ne permet de trancher entre une conséquence ou une cause.

Il s'agit, sûrement, d'une recherche passionnante, si l'on en exclut son caractère non prouvé d'explication étiologique. Ce qui est sûr, c'est qu'à quatre ans, et peut être avant, le non usage de cet organe va laisser hors jeu le sillon temporal supérieur et ce de façon peut-être définitive.

Ecoutons comment Monica Zilbovicius s'exprime, elle-même, à ce sujet[65] : « *Nous avons démontré que la perception de la voix humaine*

---

[62] Un compte rendu plus détaillé des recherches de M. Zilbovicius, fait par le Pr. Golse, se trouve à la fin de cet article, en appendice.

[63] H. Gervais, P. Belin, N. Boddaert, M. Leboyer, A. Coez, I. Sfaello, C. Barthelemi, F. Brunelle, Y. Samson M. Zilbovicius: "*Abnormal cortical voice processing in autism*"in Nature Neuroscience, n° 7, 8 , pp 801-802, 2004.

[64] Un compte rendu plus détaillé des recherches de M. Zilbovicius, fait par le Pr. Golse, se trouve à la fin de cet article en appendice.

[65] Extrait de l'Express en ligne du 20/12/04 : Les chercheurs de l'année 2004, « *Les autistes* ne *reconnaissent pas la voix humaine* », entretien réalisé par F. Maxime et E. Lecluyse.

n'entraînait pas, chez les sujet autistes, l'activation d'une région très spécifique du cerveau qui traite la voix humaine. ... Ils traitent la voix humaine comme n'importe quel autre son, celui d'une voiture ou d'une cloche, par exemple. Tout cela se fait au cours du développement. L'être humain naît avec une attirance particulière pour les stimuli humains, du coup, on se spécialise, on devient des experts pour la voix humaine et le visage. Et il y a probablement chez les autistes quelque chose d'inné, ils ne naissent pas avec cette attirance... Du coup, ils ne deviennent pas des experts, et le développement de leur cerveau ne se fait pas de la même façon ». Ceci la mène à préconiser une intervention précoce - dès l'âge de quatre ans[66] - auprès de ces enfants qui leur donnerait envie d'écouter cette voix. Elle imagine des méthodes ludiques qui créeraient cette attirance pour la voix et le visage. Jusque là je ne peux que la suivre et lui dire que la psychanalyse peut avoir, dans sa praxis, de quoi donner cette envie. C'est ce que je vais essayer de montrer dans cet article.

Par contre, je suis inquiète quand elle parle de « méthodes multimédia ». Il y a longtemps que nous savons la passion de certains autistes pour les cassettes audio et vidéos. Cela ne semble pas aller dans le sens qu'elle recherche. Elle propose l'utilisation de méthodes ré éducatives couplées avec l'usage d'anti-dépresseurs. Elle ajoute : « *Ce n'est pas la faute des parents, c'est la faute à... pas de chance*. *Les parents sont des acteurs très importants dans la rééducation de ces enfants et dans leur insertion dans la société* ». Je ne peux que lui faire remarquer qu'ils peuvent donc être des partenaires de la prise en charge psychothérapeutique de l'enfant.

Il me semble que sur cet étiologie du ... *pas de chance* - où aucune explication, ni génétique ni biologique n'est avancée - nous pouvons aussi nous retrouver. Et il y a longtemps que ma lecture des films familiaux des bébés devenus autistes m'a enseigné que le fait qu'ils n'aillent pas vers l'Autre est là d'emblée, dès la naissance. Ce qui n'exclut pas que des facteurs complexes, que nous ne connaissons pas encore, aient pu jouer pendant la grossesse. Geneviève Haag parle d'une racine prénatale du problème du sonore qui lui est apparue comme très importante[67].

Mon expérience avec Marine, et sa rechute, m'ont enseigné qu'il doit y avoir un facteur supplémentaire en jeu, en plus de celui démontré

---

[66] Nous retrouvons ici l'âge qu'elle a préconisé dans une autre recherche présentée en Belgique. Personnellement, je pense qu'il faut intervenir beaucoup plus tôt.

[67] G. Haag, « Réflexions de psychothérapeutes de formation psychanalytique s'occupant de sujet avec autisme », ci-dessus.

par M. Zilbovicius. Même après avoir, bébé, découvert son attirance pour la voix et le visage humain, Marine a été capable de se refermer. Je me suis souvent posé des questions sur les causes de cette rechute. Il y avait bien-sûr le fait que j'avais accepté d'arrêter de la voir, demande de la mère à laquelle j'avais acquiescé d'autant plus volontiers que l'interruption de 50 jours pour les vacances d'été ne semblait pas l'avoir affectée. Plus tard, j'apprendrai qu'elle n'avait fait sa rentrée en crèche qu'après mon retour, rentrée particulièrement difficile, les deux référentes auxquelles elle s'était habituée n'étant plus là. J'apprendrai aussi que la reprise du travail pour la mère avait été marquée par le changement de son supérieur hiérarchique et par son sentiment d'avoir été mise à l'écart. En novembre, la mère était déprimée et il est difficile de faire la part de ce qui avait entraîné quoi dans cette spirale descendante. En tout cas, je dois souligner un facteur d'une plus grande sensibilité chez cet enfant que chez les autres aux changements de son environnement. Face à une fragilité pareille de l'enfant, nous pouvons même nous interroger sur l'opportunité d'accepter de prendre sa mère en psychothérapie psychanalytique. Nous savons tous qu'au début d'un processus personnel de cet ordre, le sujet est souvent perdu dans ses pensées. Cela n'aurait-il pas été interprété par l'enfant comme une perte du lien avec la mère ?

Ce que je peux en tout cas affirmer, c'est que face à cet ensemble de difficultés, Marine tel un petit sous-marin, avait fermé les écoutilles et plongé. Dans cette séance, toute son attention, visuelle et auditive, se concentrait sur les gros feutres qu'elle mettait et retirait du pot, visiblement attentive au petit bruit que cela provoquait et à leurs couleur. Pourrions-nous penser à une volonté d'un proto-sujet de ne pas entendre cette voix humaine ? Y aurait-il un facteur d'hypersensibilité[68] chez ces bébés, qui les mènerait à éviter une voix humaine pour peu qu'elle fût porteuse du moindre signe dépressif ? Comme si cela ne pouvait pas ne pas entraîner chez ce bébé une réponse de type dépressif intolérable ? L'idée de Monica Zilbovicius d'employer des anti-dépresseurs chez ces petits implique l'hypothèse de processus métaboliques de ce type. Si je reste très réservée quand à l'emploi de ce type de produit sur des petits, je dois reconnaître que la prise par la mère d'un anti-dépresseur a

[68] Frances Tustin avait évoqué quelque chose d'analogue à propos de ces petits - futurs autistes - très vulnérables, des enfants qu'il aurait fallu garder sous serre. Par contre, je ne la suis pas quand elle imagine une période préalable où la mère et l'enfant auraient vécu un lien anormalement étroit dont la rupture aurait été traumatique pour les deux. Ce n'est absolument pas cela que l'on décrypte ni dans les films familiaux ni dans mon expérience analytique avec ces nourrissons et leurs mères. Voir : Tustin F. : *Conversation psychanalytique*, Association Audit Anduze, 1994.

amélioré leur relation interpersonnelle. Mais cela n'a pu se faire que quinze mois plus tard, quand Marine était très largement sortie d'affaire. Dans un premier temps, il n'était pas question que j'en parle à la mère, que je voyais par ailleurs toutes les semaines, car cela aurait équivalu à lui faire porter une responsabilité indue dans cette affaire, d'autant que l'état de fermeture de Marine aurait déprimé n'importe quel parent. Plus tard, quand sa fille s'est mise à avoir une véritable relation avec elle, elle a pu me parler de son noyau dépressif, très antérieur à la naissance de sa fille. Mais c'est surtout l'envie que l'entrée en maternelle de sa fille se fasse le mieux possible qui la décida à prendre « un petit quelque chose » avant les vacances d'été. Qu'on ne me fasse pas dire que cette structure plutôt dépressive de la mère puisse être la cause de la pathologie de sa fille, si tel était le cas une grande partie de l'humanité serait autiste. Il me semble plutôt que cet élément réveillait chez l'enfant quelque chose d'analogue et d'intolérable pour elle. Ne serait-ce pas là dessus que Monica Zilbovicius rêve d'intervenir ?

Reprenons la séance. Tout en ouvrant la bouche face aux cuillères du yaourt, Marine regarde attentivement la caméra devant elle.

La mère, parlant à la place de l'enfant : « *Par contre, le coup de la caméra, ça m'intrigue* »[69].

Malgré le côté accordé et empathique de nos discours, Marine reste de marbre comme si nos voix n'étaient qu'un bruit de fond dans l'environnement. Elle n'y prête pas plus d'attention qu'au bruit des voitures dans la rue. Il est évident que la clinique avec ces enfants confirme les découvertes de M. Zilbovicius : notre voix est en effet traitée comme l'on traite des bruits extérieurs.

Ce n'est pas comme cela qu'elle allait devenir « expert en voix et visages humains » comme dit M. Zilbovicius, et « le développement de son cerveau risquait de ne pas se faire de façon habituelle ».

Il est donc, plus que jamais à l'ordre du jour d'essayer de redonner aux petites Marines de moins de deux ans, l'envie d'entendre la voix humaine et de regarder le visage de son entourage proche. Et c'est ce qui a pu se passer dans la suite de cette séance, véritable réanimation psychique.

Je fais semblant de manger la cuillérée suivante de yaourt.

---

[69] Dans tous les films des bébés devenus plus tard autistes, nous remarquons cet intérêt pour la caméra. Du temps où l'on devait la mettre face au visage humain, le doute était possible quand à l'objet de l'investissement du regard du bébé. Mais maintenant que les caméras se tiennent plus loin, ce n'est pas le visage de celui qui filme qui est regardé mais bien la machine.

MCL : « *Là, c'est Mme Laznik qui va en manger. Hum ! Hum ! Hum ! C'est bon, à la vanille !* » Ce fragment, porteur de ma surprise et plaisir devant cette odeur de vanille, suscite – dès le premier *hum !* – un regard souriant chez Marine, comme partageant mon plaisir. Mais il disparaît, dès la fin de la phrase.

Pour essayer, elle aussi de capter le regard de sa fille, la mère à son tour fait semblant de manger le yaourt en disant :

Mère : « *Moi, j'en prends un peu ? J'ai le droit d'en prendre un peu de ce bon yaourt ? Je me demande s'il n'y a pas un peu de fraise dedans...* » rajoute-t-elle, en feignant de goûter.

Rien, chez Marine, n'accuse le fait qu'elle aurait perçu le jeu de sa mère. En essayant de ne pas trop perdre contenance, la mère lui donne une nouvelle cuillérée de yaourt. Marine est parfaitement capable d'anticiper l'arrivée de la cuillère en ouvrant la bouche, mais rien chez elle n'indique un quelconque plaisir partagé.

Je décide de refaire semblant d'en manger.

MCL : «*A Mme Laznik ! Moi aussi, j'en veux ! Hum ! C'est bon* ». Dès mon *hum !* de surprise et de plaisir, Marine me regarde à nouveau dans les yeux, avec un grand sourire, comme en partageant mon plaisir. Mais cela ne dure pas plus de deux secondes.

Mon transfert m'indique que ce nouveau succès suscite une détresse chez la mère ; j'y parviens et pas elle. Je décide d'inverser le jeu. En prenant le yaourt et la cuillère, je dis :

MCL : « *Là, c'est Mme Laznik qui va en donner à maman* ».

Mère : « *Ah ! on a changé de distributeur !* », s'exclame la mère. Grâce à notre lien ancien, cette situation insolite - une femme de quarante ans, à qui cela ne devait pas être arrivé depuis des décennies - déclenche chez elle une exclamation de surprise et d'amusement. Marine nous regarde, l'une et l'autre, en riant et en approchant ses bras, rythmiquement, comme pour taper des mains. Je commente

MCL : « *Cela marche si maman trouve du plaisir, mais si maman se nourrit elle-même, ce n'est pas aussi drôle.* »

Comme elle me regarde toujours tenir ce yaourt, je lui en offre une vraie cuillérée. Marine ouvre la bouche, mais en baissant le regard dans son habituelle indifférence. Je commente :

MCL : « *Je n'en ai que lorsque l'on fait les petits clowns.*»

Cet enfant distingue clairement le registre du besoin alimentaire de celui de la pulsion orale, nécessairement intriquée aux pulsions scopique et invoquante, remettant ainsi en cause la théorie de Freud selon laquelle le lien à l'Autre vient s'étayer sur la satisfaction du besoin alimentaire[70]. Ce n'est pas de yaourt que peut se nourrir son envie de voir et d'écouter ; c'est d'une particulière prosodie dans nos voix, porteuse des pics alternés entre surprise et plaisir. Ces pics sont caractéristiques de ce que l'on a longtemps appelé le *mamanais* et qui, depuis peu, s'appelle le *parentais*, car les pères sont aussi doués pour les produire que les mères. Nous savions depuis longtemps (A. Fernald, 1979) que la prosodie qui en découle ne pouvait se retrouver dans une parole entre adultes que dans des situations exceptionnelles où la surprise et le plaisir se conjoindraient. Depuis peu (N. Reissland, 2002), il a été prouvé que la surprise produit dans la voix du parent d'un bébé un pic d'énergie élevé, tandis que le plaisir produit un pic très bas. Je constate donc que, quand les deux se produisent successivement, cela donne l'aspect de collines découpées propre à la prosodie du *parentais*. Mais avant d'aborder l'analyse de nos voix , revenons au fil de la séance.

Je rends le yaourt à la mère, qui lui propose :

Mère : « *Encore un petit peu ?* ». En essayant de capter son regard, elle retire la cuillère quand la bouche s'ouvre en demandant : « *Elle est où la bouche ?* » Marine, impassible, continue à manipuler les gros feutres, tandis que sa bouche s'ouvre quand la cuillère approche. Et quand, ayant avalé sa cuillérée, je lui demande :

MCL : « *Est-ce que c'était bon ? C'était bon ?* » Elle reste de marbre. Le contact était rompu.

MCL : « *Et moi ?! Et moi ?! Et moi ?!* » J'obtiens un petit regard mais, à l'essai suivant, le manège ne marche plus.

Je suis inquiète, craignant qu'elle ne se referme pour longtemps. Forte alors de ce que je sais sur l'effet « voix de sirène » qu'une prosodie porteuse de « sidération et lumière » peut avoir, même sur des bébés devenus autistes plus tard, j'essaye de créer en moi une image interne capable de me mettre dans un état de ce genre. Je reprends le pot de yaourt et hume son odeur ; la vanille m'envahit. J'imagine alors un beau parc avec un grand plan de vanille. Une ambiance tropicale se dégage de ce parc, style affiche du Club Med. Même si je n'y ai jamais été, je n'avais pas manqué de sentir l'impact publicitaire de leurs grands panneaux faits pour provoquer le rêve d'un ailleurs inconnu. Mon pied de vanille imaginaire ressemble à un grand buisson aux feuilles brillantes, vert foncé ; il est couvert de belles fleurs blanches. Quand j'y songe maintenant, je m'aperçois que cela ressemble à un immense gardénia. Le blanc des fleurs étant probablement suscité par la couleur du yaourt. Je

---

[70] M. C. LAZNIK, « *La voix comme premier objet de la pulsion orale* » in La revue Psychanalyse et Enfance du Centre Alfred Binet, Paris, 2000.

n'ai jamais vu un pied de vanille et j'ignore à quoi cela ressemble. N'importe, en infiniment moins de temps qu'il ne faut pour le raconter, je suis propulsée dans un monde magique de surprise et de plaisir. Je m'entends dire à Marine à qui j'offre la cuillère de yaourt à humer sous son nez :

MCL : « *Regarde l'odeur* ! » Mon énoncé ne manque pas d'enthousiasme et les pics prosodiques de ma voix doivent convenir, car la petite fille me regarde souriante. Quand à l'apparente absurdité de mon énoncé, il renvoie sûrement à une condensation de mon désir de lui faire sentir et la joie du parfum et la beauté des fleurs.

Vingt minutes plus tard, c'est Marine qui, à l'aide d'une dînette, m'offrira assiette et cuillère, faisant à son tour semblant de me nourrir. Mais avant d'analyser la valeur de cette scène, il vaut de souligner qu'elle a lieu peu après une autre que voici : Marine veut pousser une petite chaise dans la pièce. A l'époque, elle déplaçait partout des meubles au grand dam de ses parents qui y voyaient, à juste titre, une action de fermeture de sa part. Cela s'était produit aussi dans les séances précédentes, mais là, au lieu de jeter par terre le poupon qui lui encombre la chaise, Marine le dépose sur mes genoux. Je décide de lui chanter une berceuse : « Câlin, câlinou, câlinette, câlinette, câlin, câlinou, câlinou pour le poupon ». Le rythme est lent, mais marqué par les répétions, et les voyelles sont particulièrement accentuées et rallongées. Marine ne me quitte pas des yeux tant que dure la chanson mais elle décroche instantanément dès que c'est terminé. Cependant elle en reprendra, elle-même, la mélopée quelques séances plus tard, en berçant un minuscule bébé de deux centimètres dans un tout aussi minuscule berceau. Il y aurait sûrement beaucoup à réfléchir sur la puissance de ces rythmes dans les prises en charge de ce type d'enfant.

Mais revenons à la scène où elle me nourrit. Un grand espoir m'envahit alors : elle vient, spontanément, de réussir une des questions clef du C.H.A.T.[71] question validé sur des bébés plutôt plus âgés qu'elle. Sa *capacité de faire semblant* s'est mise en place ! Ma joie interne face à la réussite d'un test cognitiviste repose sur le fait que, depuis longtemps, je pense que la question : « L'enfant est-il capable, avec une dînette, d'offrir un café ou un thé à sa mère ? » va bien au delà de sa *capacité de faire semblant.* Son soubassement n'est autre que le bouclage du

[71] Il s'agit d'un questionnaire cognitiviste validé par Baron Cohen en Angleterre, qui permet de repérer à 18 mois les enfants qui feront un autisme à trois ans. Dans la recherche PREAUT, sur les signes pouvant présager d'un trouble autistique, nous en utilisons une variante française un peu modifiée.

troisième temps de la pulsion orale. Quand un petit offre, en jouant, quelque chose de bon à sa mère, il se trouve au-delà du registre de la satisfaction du besoin. En plus, il s'agit ici d'un objet bon pour la mère et non pour l'enfant, qui n'aime à cet âge ni le thé ni le café. Le soubassement de la capacité de répondre positivement à cette question du C.H.A.T. dépend donc de la capacité de l'enfant à souhaiter se faire le porteur de l'objet qui réponde à la pulsion orale de sa mère. Si le nourrisson offre son petit pied ou ses doigts pour que sa mère s'en réjouisse en jouant à les croquer, l'enfant plus grand vient offrir, à cette jouissance pulsionnelle de l'Autre, non plus un morceau de corps mais un objet sublimé. Quand Marine me nourrit avec la cuillère, je joue à manger une délicieuse omelette imaginaire. Marine suit attentivement les marques du plaisir, sur mon visage et dans ma voix.

A la séance suivante, c'est son père qui l'accompagne. Elle reprend le jeu du restaurant, en nous nourrissant, tour à tour, ravie de nous faire autant plaisir.

Marine confirme mon hypothèse actuelle sur la mise en place de l'appareil psychique : son plaisir de fonctionner est tributaire du plaisir qu'il suscite chez l'Autre. Formulation non sans analogie à celle qui prévaudra pour les plus grands et que nous devons à Lacan : le désir du sujet, c'est le désir de l'Autre.

Mais, chez Marine, ces moments heureux ne sont encore que des îlots émergeant d'une mer d'indifférence. Même la séance dont je viens de décrire quelques fragments, en est lourdement entachée, ce qui fera dire à Pierre Ferrari, quand il la visionnera: « *Croyez-vous que l'on puisse y arriver pour elle* ? » La phrase, énoncée sur un ton affectueux, laisse transparaître son inquiétude légitime. Moi non plus, sur le moment, je n'en sais rien, sinon qu'à quinze mois elle est beaucoup plus difficile à mobiliser qu'elle ne l'avait été à trois mois. Ce n'est qu'un an plus tard que je pourrai dire qu'elle me semble sortie d'affaire. On ne dira jamais trop aux pédiatres combien il serait important de nous les envoyer pendant leurs premiers mois de vie !

Par ailleurs, plus d'une année va s'écouler avant que ne se trouvent confirmées les hypothèses que je me formule lors de cette séance. Les voici :

1 - Si, la première fois où je mime ma surprise et mon bonheur devant le yaourt à la vanille, l'enfant me regarde cela n'indique-t-il pas que ma voix doit porter les caractéristiques prosodiques du *parentais* ?

2 - Si la mère n'a aucun succès lors de son jeu, c'est que sa voix doit être plate, ce qui se repère à l'écoute de la bande, mais dont on ne peut jamais être sûr.

3 - Si la petite fille devient si enthousiaste, riant de l'une à l'autre et ébauchant même des mouvements d'applaudissement, quand je joue à nourrir sa mère, c'est que nos deux voix doivent être alors porteuses de ces même pics prosodiques.

4 – Si, lors de mes deux mises en scène suivantes, elle regarde, il doit y avoir, dans ma prosodie, des éléments du *parentais*.

5 – Par contre si, lors de la tentative suivante, elle n'a pas daigné me regarder, puis-je penser que la répétition de la même scène a tari ma capacité à me laisser surprendre ? L'absence de surprise doit avoir érodé mes pics prosodiques.

6 – Si elle m'a à nouveau suivi lors de mon invite à regarder le buisson odorant de vanille, c'est que là ma surprise et mon plaisir ne sont pas feints.

Plus tard, je demanderai à notre amie Erika Parlato, psycholinguiste, de bien vouloir vérifier cela en laboratoire.

En faisant l'analyse spectrale des prosodies des voix, elle y trouvera tout à fait les résultats escomptés[72]. Lors de ma quatrième répétition de la même scène, Marine ne répond pas car il n'y a plus de prososdie du *parentais.* Cela indique qu'il n'y a pas de faux *parentais*. Il serait donc absurde de proposer à qui que ce soit de parler en imitant cette prosodie. Elle est le résultat d'un état subjectif de surprise et plaisir. Cela ne se commande pas. Par contre, à la dernière scène, celle de l'arbuste fleuri, elle dit observer - au moment où j'énonce « regarde l'odeur » - un arrondissement de l'intonation, un usage prolongé des voyelles, accompagné d'une augmentation de l'intensité, ce qui est caractéristique de la prosodie du *parentais* .

Nous pouvons penser que quelque chose d'analogue a lieu dans la scène du chocolat blanc, où Amélie Nothomb[73] raconte son passage de l'état tubulaire à l'état de sujet capable de dire « je », c'est à dire sa sortie d'une fermeture autistique massive. Souvenons-nous que sa grand-mère, qui arrive pour la première fois au Japon, où Amélie est née, va aller voir ce bébé de deux ans dans sa chambre. Il lui a été dit que personne n'avait réussi à croiser son regard ni capter son attention. Une dizaine de minutes

[72] L'ensemble de ces graphes et leur analyse va être présentée dans un autre article. Laznik M. C. : « *La pulsion invocante, rôle de la prosodie dans le lien bébé-parents* », in *Le langage, la voix et l'autisme infantile*, monographie de La Psychiatrie de l'enfant, Paris, PUF, 2006.

[73] A. NOTHOMB, *La métaphysique des tubes*. Je tiens à remercier ici les médecins de PMI de Bordeaux qui m'ont signalé cette précieuse analogie, lors de notre rencontre pour la formation PREAUT.

plus tard, la grand-mère revient avec, dans les bras, un bébé qui la regarde et lui sourit.

Il est dit que, dans la scène intercalaire, la grand-mère a fait goûter du chocolat blanc au bébé, chocolat dont elle raffole en bonne belge qu'elle est. Je pense que cette scène a une structure analogue à celle du buisson de fleurs de vanille. La grand-mère a offert au bébé l'objet qui la réjouit, et l'on peut supposer que, dans un mouvement d'illusion anticipatrice, sa voix ait porté la prosodie de la surprise et du plaisir qu'elle supposait devoir se produire chez le bébé.

L'intérêt des recherches des psycholinguistes

Comment ces graphes peuvent-ils intéresser un psychanalyste ? Ils confirment qu'il y a un élément d'ensorcellement dans la voix de l'Autre qui, telle celle des sirènes, ne peut pas ne pas être reçu sans susciter une attirance irrésistible chez l'auditeur[74]. Les Grecs s'en étaient aperçus dès le temps d'Homère, lequel en parle explicitement dans l'Iliade. Cela corrobore sans doute la dimension aliénante de la constitution du sujet, à condition de ne pas oublier la dimension de séparation, qui joue dans l'autre sens.

Mais ce qui est passionnant, c'est que cette prosodie spécifique ne marche que quand les coordonnées de plaisir de l'Autre sont présentes. Nous pouvons penser que, dès la naissance du bébé, c'est le plaisir et la surprise que sa vue cause à sa mère qui lui permettent de produire, d'emblée, une prosodie de *mamanais*[75]. Nous avons vu que chacun de ces deux éléments produisait des pics très différenciés dans cette prosodie (N. Reissland, 2002).

Par ailleurs, sur le plan strictement clinique, Roland Gori (2002)[76] a souligné l'importance, dans le moment qui précède l'éclosion d'une passion amoureuse, d'un état de détresse. J'ai écrit [77]que cet état de manque, de vide intérieur, est toujours nécessaire pour que l'investissement libidinal massif d'un nouvel être soit possible, l'exemple le plus frappant étant la nécessité du *baby-blues*, de ce moment de perte

[74] Je dois cette idée à Hervé Bentata. Voir : « Sirènes et chofar: Incarnation Mythique et rituelle de la voix » in *Lorsque la voix prend corps* , Paris, Lharmattan.

[75] Cela a été prouvé dès 1982, pour des mères normales de bébés normaux. Voir : Fernald A. Simon T.: « Expanded Intonation Contours in Mother's Speach to Newborns », in *Developmental Psychology*, 1982, 20 (1), p. 104-113.

[76] R. GORI, *Logique des passions*, op. cit., p. 65.

[77] M.C. LAZNIK « L'amour au troisième temps de l'Œdipe », *in Clinique Méditerranéenne,* Erès, 2004.

des repères habituels, d'extrême fragilité dans lequel se retrouvent les femmes après un accouchement pour leur permettre de tomber amoureuses de leurs nourrissons, de les investir en place d'Idéal. Si ce processus est habituel, il n'est pas moins dangereux. Nous savons que certaines peuvent prolonger cet état jusqu'aux dépressions du post-partum. Mais quand les choses se passent normalement, le nourrisson montre une appétence pulsionnelle pour ce type de prosodie, il s'en nourrit littéralement[78].

Finalement, dans le registre métapsychologique, il convient de remarquer que surprise et plaisir reprennent ce que Freud a pu développer à propos de la *tierce personne*[79]. Il s'agit de celle qui - face à un mot tronqué, mal prononcé - peut, après un moment de surprise, d'étonnement - se laisser envahir par le plaisir qui l'illumine soudain du *mot d'esprit* qu'elle entend dans ce que la première personne a proféré sans le savoir. Au niveau du nourrisson, nous pouvons penser que les premiers jours, cela se joue surtout au registre du regard. Mais, très vite, ce seront les réponses sonores, gestuelles et mimiques du bébé qui soutiendront sa prosodie. Raison pour laquelle j'affirme qu'elle est fonction de ce qui se joue pulsionnellement entre les deux. Cette prosodie produit une trace dans la mémoire du nourrisson, qui sera activée lors d'une nouvelle excitation. Elle pourra être revécue alors, primairement de façon hallucinatoire par lui. Dans les moments où le bébé prend son pouce pour rêvasser, ce sont ces traces des coordonnées du plaisir de cet Autre primordial qui me garantissent qu'il y a bien Eros qui est là présent et que donc nous sommes bien face à un autoérotisme. Si nous enlevons Eros, c'est face à l'autisme que nous nous retrouvons. Avec toutes les conséquences que cela entraîne, parmi lesquelles son manque de motivation pour *devenir expert pour la voix humaine et le visage,* comme s'exprime A.Zilbovicius.

---

[78] M. C. LAZNIK, « La voix comme premier objet de la pulsion orale » in *La revue Psychanalyse et Enfance du Centre Alfred Binet*, Paris, 2000.

[79] S. FREUD, *Le mot d'esprit et sa relation à l'inconscient.*, G.W. Vol. VI, 9, Tr. fr. D. Messier, Paris, Gallimard, 1988, p. 49-50.

Annexe : Deux études d'IRM en 2004[80]

Rappels sur l'IRM fonctionnelle

Il s'agit d'une technique non invasive, dérivée de la tomodensitométrie (scanner) et fondée sur la technique de la résonance nucléaire magnétique. Cette technique permet, non seulement de donner une image anatomique de l'organe étudié (comme dans l'IRM dite anatomique), mais aussi de renseigner sur les modifications de volume liées à l'activité de l'organe étudié, modifications de volume essentiellement liées aux variations de débit sanguin qui sont dues à l'état d'activité ou de non-activité des zones impliquées.

Au niveau cérébral, l'IRM fonctionnelle peut ainsi permettre d'approcher les modifications des zones motrices cérébrales en cas d'activité motrice, ou les modifications des différentes zones sensorielles cérébrales lors de la réception de tel ou tel flux sensoriel (auditif, visuel)

Il faut savoir cependant que dans l'état actuel des choses, l'IRM cérébrale fonctionnelle ne peut se faire en situation libre puisque la tête du sujet doit être placée dans l'appareil d'IRM, ce qui impose de nombreuses contraintes (être couché, relativement immobile et la tête incluse dans l'appareillage ce qui, bien évidemment, soulève encore de grandes difficultés avec les enfants autistes plus ou moins agités : nécessité de prémédication, voire parfois d'anesthésie générale).

La reconnaissance de la voix par les sujets autistes

De récentes études d'IRM fonctionnelle ont montré que le Sillon Temporal Supérieur (STS) représente, chez les adultes normaux, la zone spécifique dévolue au traitement des signaux vocaux, et l'aire fusiforme (FFA) celle dévolue à la reconnaissance des visages : la reconnaissance de la voix humaine et la reconnaissance des visages constituant deux axes forts des interactions sociales.

- Cette étude d'IRM fonctionnelle a procédé à la comparaison de cinq adultes autistes de sexe masculin (25,8 plus ou moins 5,9

[80] Cette annexe est extraite de B.Golse : « Les précurseurs du langage et de la communication : structure d'état ou structure de processus », in *Le langage, la voix et l'autisme infantile ; monographie de la psychiatrie de l'enfant,* Joly, Touati et Laznik org. Paris, PUF, à paraître en 2006.

ans) avec huit adultes masculins témoins appariés pour l'âge (27,1 plus ou moins 2,9 ans)

- Le diagnostic d'autisme a été porté selon les critères de l'ADI et du DSM IV
- L'appareillage utilisé était du type 1,5 Tesla Magnetic Resonance Scanner
- L'expérience consistait en l'écoute passive de deux types d'échantillons sonores (séparés par des intervalles de silence de 10 secondes afin d'éviter tout artefact par contamination) :
  - 21 blocs de sons vocaux (composés de 33% de sons vocaux langagiers et de 67% de sons vocaux non langagiers)
  - 21 blocs de sons non-vocaux émanant de diverses sources environnementales
- Le retour au débit basal (volume de la zone STS) était attendu entre chaque stimulation sonore
- Chez les témoins , il a été observé une activation plus importante du STS par les sons vocaux que par les sons non-vocaux (P<0,001) tandis que les sons non-vocaux n'activent aucune autre région de manière spécifique par rapport aux sons vocaux
- Chez les sujets autistes, les observations ont été les suivantes:
- Aucune activation du STS chez quatre sujets sur cinq par les sons vocaux, et une activation unilatérale du STS chez un sujet
  - Une activation corticale identique pour les signaux vocaux et non-vocaux par rapport au niveau de base (silence)
  - Un traitement cortical normal des sons non-vocaux

B.Golse cite alors une des conclusions des auteurs, en soulignant son importance : *« Future studies will need to investigate whether this lack of salience of vocal stimuli causes, or is a consequence of, the abnormal pattern of cortical activation »)*

Anomalies du sillon temporal supérieur chez les sujets autistes

- Il s'agit ici d'une étude en IRM statique et non pas fonctionnelle
- La technique d'analyse des images qui a été utilisée est celle dite de la Whole-brain Voxel-based Morphometry (VBM), soit une analyse mathématique voxel par voxel avec cumul possible des IRM.

- Cette étude repose donc sur une technique en 3D (trois dimensions) à haute résolution
- Les auteurs ont procédé à la comparaison de vingt et un enfants autistes primaires (9,3 +/- 2,2 ans) avec douze enfants témoins (10,8 +/- 2,7 ans)
- Ils ont noté une diminution significative, chez les enfants autistes, de la concentration de substance grise au niveau du STS (P<0,05) ainsi qu'une diminution significative, chez les enfants autistes, de la substance blanche au niveau du pôle temporal droit et du cervelet (P<0,05)
- Ces résultats semblent compatibles avec l'hypothèse d'une hypo-perfusion de ces différentes zones chez les enfants autistes

D'où deux questions encore irrésolues :

- Peut-on être autiste sans présenter ces anomalies du STS à l'IRM ?
- La sortie de l'autisme s'accompagne-t-elle d'une normalisation progressive de la VBM, ou passe-t-elle par des processus de compensation liés à la question de la plasticité cérébrale ?

B.Golse cite, là aussi, l'une des conclusions des auteurs:

« The multimodal Superior Temporal Sulcus areas are involved in highest level of cortical integration of both sensory and limbic information »

Oscar : Ange ou démon?

Françoise VERROUST,
Pédiatre de PMI, Paris
Graciela C. CRESPIN
Psychanalyste, Paris

Oscar m'est adressé par Mme Verroust, médecin pédiatre pour des pleurs incessants depuis sa naissance.

Oscar a deux mois, il est l'aîné de jumeaux nés par voie basse à 35 semaines de gestation.

Oscar et Maxime sont nés par réimplantation d'embryons après une FIV - dont trois embryons restent à ce jour congelés - ce qui tracasse la mère, mais ne semble pas préoccuper outre mesure le père - d'après les dires de la mère.

De la grossesse, qui s'est bien déroulée, la mère n'en dira rien, sinon qu'elle a dû rester alitée pendant le dernier trimestre. Elle remarquera seulement que pendant la grossesse, le comportement des deux bébés était très différent, tout comme il se présentera après la naissance. Un des deux bébés bougeait sans arrêt : la mère l'appela « Gigoteau », l'autre était très calme et bougeait peu, ce qui entraînait chez la mère des fréquentes craintes qu'il ne soit mort.

L'accouchement se déroule sans incident majeur. Les bébés sont transférés immédiatement en réanimation néonatale pour élevage, séjour qui ne durera que quelques heures.

L'état de santé de la mère et des deux enfants est satisfaisant.

Première séance :

La mère a accepté sans difficultés la proposition de son pédiatre de se rendre à ma consultation pour essayer de comprendre ce qui arrive à Oscar, son état de santé sur le plan médical ne justifiant pas ces pleurs incessants.

Dès notre première rencontre, au cours de laquelle Oscar pleure effectivement sans arrêt, la mère me fait savoir qu'elle a déjà rencontré d'autres psys, un « qui ne disait rien », et un autre « qui voulait trop en savoir », et qui donc ne lui avaient pas convenu. J'étais d'emblée avertie quant à ma place dans le transfert, à savoir que j'étais priée de résoudre l'énigme des pleurs d'Oscar mais sans trop me mêler de ce que la mère avait décidé « qui ne me regardait pas ». La marge de manœuvre était étroite, mais avait l'intérêt majeur - et la suite des événements allait le confirmer - de circonscrire l'espace de la cure au seul bébé, dans ce que déterminent chez lui les signifiants de la mère, mais sans rien faire d'autre que de les identifier. Ce qui fut fait, nous y reviendrons.

Oscar pleure, dans un état quasi extatique, ce qui lui est, d'après les dires de la mère, habituel. La mère se présente comme une jeune femme charmante, calme, pas du tout en détresse, demandant seulement à comprendre ce qui arrive à son bébé. Son calme est tel qu'il a impressionné le pédiatre consultant.

Elle me confie rapidement Oscar, que je tente de calmer sans succès. Mes tentatives d'entrer en contact avec lui se soldent par des évitements actifs du regard et une « inconsolabilité » majeure.

Après avoir rapidement évoqué la naissance par FIV et les embryons congelés, la mère ne donnera aucun autre détail sur les raisons de ce recours à une PMA, et ne s'étendra pas plus ni sur sa vie de couple, ni sur son rapport au père des enfants.

Je reste très discrète, laissant la mère diriger l'entretien. Je n'ai pas oublié la place de troisième qui me revient dans les psys consultés. Après un silence que je laisse volontairement planer longtemps, seulement interrompu par les pleurs d'Oscar, elle me fera part d'« un événement qui l'a marquée » : après l'accouchement, étant très fatiguée, ils sont venus la chercher en fauteuil roulant pour aller rencontrer ses bébés. Dès son entrée en néonatalogie, elle aperçut un bébé calme et détendu, qui ne pleurait pas, c'était Maxime. En face, elle croit percevoir à travers le berceau transparent, des cheveux crépus sur le petit crâne d'un bébé hurlant : c'était Oscar. « Je n'ai pas eu le temps de le voir, je me suis évanouie et il a fallu me reconduire à ma chambre ».

Voilà la première rencontre. Je demande aussitôt à la mère à quoi « cheveux crépus et hurlements » la font penser. Immédiatement elle associe sur Angélique, la fille du père des enfants, jeune femme qu'elle qualifie d'*intrusive* et *incestuelle*, et qu'elle ne peut pas supporter. Elle me décrit une femme hurlante, envahissante, pratiquement du même âge qu'elle, et très en rivalité avec elle pour la place auprès du père, son mari. Elle décrit un répulsion violente, qui fait qu'elle devine sa présence en *sentant son odeur*.

Elle ajoutera spontanément que cette jeune femme a un frère, qui est quelqu'un d'absolument charmant, très gentil : véritablement, dira-t-elle, « ange et démon ».

Je reste silencieuse et elle ajoutera, par voie associative : « j'ai une sœur. Moi, j'étais sage, et elle était horrible : elle tournait ma mère en bourrique, et n'arrêtait pas de hurler ! »

Je n'ai presque pas besoin de lui faire remarquer que dans cette histoire, il y en a toujours deux, et qu'il y a toujours « un ange et un démon » : la mère l'a déjà compris et en est saisie. Je m'adresse alors à Oscar et lui dis, au milieu de ses hurlements : « mais c'est pour ça, maman, que je suis en colère, c'est pour te dire que je ne suis pas d'accord, que moi je suis Oscar, et n'ai rien à voir avec toute cette histoire, moi tu ne me connais pas, moi je suis moi et je ne ressemble à aucun autre ! »

En proposant cette interprétation à la mère, je tente d'interférer avec l'opération attributive primordiale, qui happe l'enfant dans les chaînes signifiantes maternelles, et le laisse ainsi pris dans les rets de ses représentations inconscientes.

Deuxième séance

A la séance suivante, Oscar hurle toujours. Sa mère me dira qu'elle lui a répété de nombreuses fois ce que je lui avais dit : qu'il était lui, et qu'il ne ressemblait à aucun autre, mais que cela n'avait pas eu beaucoup d'effet.

La mère est complètement verrouillée, et Oscar va mal.

Je sens bien que la mère a eu le sentiment d'aller trop loin, et se protège dans ses retranchements. Je ne bouge pas et me tiens dans l'impuissance qu'elle me désigne.

Troisième séance

Oscar hurle toujours autant. La mère le met dans mes bras, où toutes mes tentatives d'apaisement restent infructueuses. Si je tente d'approcher son champ visuel, Oscar détourne la tête, présentant toujours un évitement actif du regard.

La mère ne bouge pas, moi non plus. Oscar hurle toujours. Je sens bien que la mère a besoin que je supporte l'impuissance dans laquelle elle me met.

Quatrième séance

La mère arrive triomphante, m'annonçant qu'elle a compris ! que lorsque Oscar a « ses crises » (même si elle prétendait qu'elles étaient constantes), elles coïncident avec des gaz !!

Je m'empresse de dire à la mère que bien sûr, qu'elle a sûrement raison, et qu'Oscar doit quand même avoir mal au ventre, et de retourner voir son médecin.

Il y a un léger apaisement, et la mère me dit qu'il peut, pour des cours moments, rester éveillé sans hurler.

Je remarque que le premier apaisement fait suite au moment où la mère a eu le sentiment de trouver - toute seule - ce qui faisait pleurer Oscar.

Cinquième séance

La mère arrive en me disant que la PMI lui a donné du Débridat. Je m'empresse de lui dire que c'est très bien le Débridat, que ça a fait beaucoup de bien au petit ventre d'Oscar. Je sens bien que la mère a besoin d'attribuer l'accalmie à une intervention autre que la mienne, et que le Débridat est le bienvenu !

Première séance calme et éveillé. Je fais, pour ainsi dire, pour la première fois sa connaissance. La mère me dit qu'il a dormi plusieurs fois 12 heures d'affilée et qu'il commence à s'intéresser à son mobile et à son portique.

Elle me le met dans les bras, et en face à face, le regard d'Oscar reste problématique, mais il est franchement présent dans la relation. Pour la première fois, j'ai le sentiment qu'il a le nez « hors de l'eau » et qu'il commence à émerger sur le plan psychique.

Nous prévoyons de nous revoir à la rentrée de janvier, après la période des fêtes de fin d'année. Je dis à la mère de m'appeler si l'interruption lui semble trop longue.

Sixième séance

Oscar a 4 mois, jour pour jour. Bien que le regard soit en place, Oscar ne cherche pas à susciter l'échange hors stimulation[81], ni aller

[81] A ce titre-là, il serait toujours positif au signe de la pulsion de la recherche PREAUT.

crocheter activement la jubilation de sa mère. Il reste un bébé assez passif sur le plan des échanges et plutôt difficile à mobiliser.

La mère semble soulagée, elle est fraîche, habillée tout en rose et couleurs claires ; me dit qu'elle a prévu de partir en thalasso mère/bébé dès la fin janvier pour trois semaines. J'abonde dans son sens en lui disant que ça fera sûrement beaucoup de bien à tout le monde.

Septième séance

La mère m'annonce sur un ton triomphal qu'elle a trouvé !!! elle a compris qu'en fait, Oscar pleurait, et qu'elle le gardait dans les bras pour tenter de le calmer, et qu'en fait cela ne faisait que l'énerver, et qu'il suffisait de le poser avec sa tétine, pour qu'il s'endorme au bout de quelques grognements.

Elle arrive maintenant à lui faire faire des siestes, et cela va beaucoup mieux. D'ailleurs, le changement d'Oscar est impressionnant : il est éveillé, fait plein de sourires et vocalise en me regardant. La mère m'avoue pour la première fois qu'elle arrive maintenant à « prêter » Oscar à la nounou (qui vient l'aider tous les après-midi), alors que jusque là elle lui laissait toujours Maxime. Elle associe en souriant d'elle-même que quand elle cherchait une nounou, elle la voulait noire, pour que les gens ne la confondent jamais avec elle, la maman ... et enchaîne encore sur une scène chez le pharmacien : elles y étaient toutes les deux, avec les deux bébés, et le pharmacien s'est adressé à la nounou : « j'ai cru que j'allais sauter par-dessus le comptoir pour aller lui casser la gueule !! » dit-elle en riant.

Je lui dis que je suis contente, que son inquiétude a l'air de se dissiper un peu. Je lui fait ensuite remarquer qu'à moi, très tôt, dès le début, elle m'a confié Oscar sans difficulté. Elle réfléchit un moment et me rétorque « Je ne le fais qu'avec les femmes qui savent rester à leur place !! » et aussitôt elle associe sur une amie jalouse, et évoque Angélique : cette fille qui n'a aucune limite, qui est intrusive, qui lui prend ses affaires, qui sort promener les enfants sans lui demander sa permission... Oscar, qui avait été calme et souriant jusqu'à cet instant, s'agite et se met à hurler.

Je n'ai pas besoin de le lui faire remarquer, elle en est saisie ; je lui lance : «voilà ce qui nous occupe : c'est quelque chose qui a à voir avec la mère, et avec l'envahissement, l'intrusion ».

En faisant cette interprétation, je vise de mettre la mère au travail autour de ces deux signifiants que je lui laisse en « pâture » à la veille de son départ en vacances.

Huitième séance

Les vacances se sont très bien passées. Elle s'est reposée, ils ont commencé à faire leurs nuits ! Elle a été relayée tout le temps, et ça lui a fait beaucoup de bien.

Le regard d'Oscar est maintenant certain et dirigé, il tète avec entrain et sourit dès que je m'adresse à lui.

Neuvième séance

Oscar a 5 mois et demi. Il a un regard vif et intéressé ; me sourit franchement et gazouille avec des très jolis jeux de voix.

« Aujourd'hui », m'annonce sa mère triomphante, « à 5 mois et 13 jours, il s'est retourné tout seul ! Gigoteau est toujours très tonique, mais j'en suis fière maintenant ! ».

La mère me dit tout ça en se tortillant dans son fauteuil. Je lui en demande la raison, et elle me dit, avec humour, qu'Angélique passe quelques jours à la maison, et que ses « ulcères se réveillent ». Dès qu'elle l'évoque, Oscar, calme jusque là, s'agite et hurle comme le premier jour.

Je n'ai pas besoin de le lui faire remarquer, c'est très impressionnant : je dis à la mère : « voilà ce qui nous est arrivé : dès que vous êtes en contact avec ce vécu d'envahissement persécuteur, Oscar s'agite et hurle ».

La mère me tend Oscar que je prends dans mes bras, il se calme aussitôt, et j'interprète : « Vous avez vu ? c'est ce qui est arrivé quand il est né. Il était coincé à la place de l'envahisseur persécuteur, à cause de l'image des cheveux dans la couveuse... c'est ça qui le rendait si angoissant »... la mère acquiesce, sans un mot, et je continue : « maintenant il en est sorti, donc il est apaisé, et vous aussi » La mère dit « c'est vrai » et j'enchaîne : « seulement, la place du persécuteur est redevenue libre, parce qu'elle est en vous, dans votre tête, dans votre cœur, dans votre estomac... Angélique ne fait que la réveiller... et tout le temps quelqu'un peut venir s'y asseoir... »

Aussitôt, la mère associe : « Ce que vous dites là me fait penser que l'autre jour j'avais posé Oscar avec son père pendant que je m'occupais de Maxime. C'était l'heure de son biberon et j'ai apporté le sien à côté de lui. En passant, j'ai effleuré sa petite main avant de retourner me coucher, et aussitôt Oscar, qui était calme, s'est mis à hurler.

Mon mari, furibard, a fait irruption dans ma chambre en criant : « mais qu'est-ce que tu lui as encore fait ? » et moi, en pleurs, j'ai serré les dents et me suis dit : « Il n'est pas question que je subisse encore quelqu'un ! je suis donc obligée de toujours subir quelqu'un, dans ma vie ? »

En réponse à la mère, je dis à Oscar : « ça, c'est l'histoire de maman, tu n'y es pour rien là dedans... peut-être qu'un jour maman décidera de s'en occuper, pour ne plus être obligée de toujours subir quelqu'un... »

Conclusion

Cette séance s'est avérée résolutoire. Tout était dit, et les trois dernières séances du traitement furent uniquement consacrées à constater les progrès réguliers d'Oscar et à faire la connaissance de Maxime, que la maman a tenu à me présenter avant de nous quitter.

En faisant le bilan de notre travail, la mère identifie sans difficulté la 9ème séance comme ayant été le tournant, quand elle a réalisé qu'elle refusait de se laisser à nouveau persécuter, et évoque des scènes de sa vie avec sa sœur dont elle n'avait jamais parlé : dès qu'elle entre dans le récit, Oscar s'agite, la mère s'adresse à lui et lui dit : « mais voilà, maintenant je sais que ce n'est pas Oscar, que c'est quelqu'un d'autre, et que lui n'est personne d'autre que lui ! » et Oscar se calme aussitôt. La mère ajoute, en guise de conclusion : « et puis, un jour, j'ai décidé qu'elle ne m'aurait plus, et c'est la même chose que j'ai ressentie le 24 février[82] ! »

Commentaires

Le récit du travail analytique accompli autour d'Oscar et de sa maman me semble intéressant à au moins deux titres.

Tout d'abord, la précocité de la prise en charge est due au partenariat et à la relation de confiance réciproque entre Mme Verroust, pédiatre de PMI et moi-même, qui ont pu s'établir grâce à la rencontre autour de la recherche PREAUT.

Ensuite, il me semble important de souligner le fait que le travail analytique vise bien l'organisation subjective d'Oscar, et s'articule à la demande qu'il nous adresse à travers ses pleurs incessants et son impossible apaisement.

---

[82] Date de la 9ème séance.

Le fait que l'analyse ait dû s'appuyer sur un certain vécu subjectif de la mère, qu'elle nous livre au cours de la cure, n'enlève rien au fait qu'***à aucun moment*** il n'a été question du contenu du fantasme maternel, ni de la modification de ses symptômes à elle (à savoir le vécu persécuteur qu'elle pouvait projeter sur différentes personnes). A ce propos, il me semble important de dire que je me suis soutenue de *la lettre volée*[83] pour traiter le symptôme de la mère, c'est-à-dire tout à fait indépendamment de son contenu, pour m'intéresser uniquement aux effets qu'il provoquait chez Oscar.

Ainsi, il me semble possible de défendre l'idée que le travail analytique accompli est bien celui du bébé, et que l'univers psychique maternel n'y est intéressé qu'au même titre que dans l'analyse adulte, à savoir à partir de ***ce que le psychisme du sujet en a fait.***

Nombre d'analyses d'enfant dérivent, faute de savoir cerner l'espace qui leur est propre, vers le classique renvoi des parents en thérapie, ce qui a pu à juste titre souvent être reproché aux thérapeutes d'enfants.

---

[83] J. LACAN, « Séminaire sur la lettre volée », in *Ecrits*, Seuil, 1966. On peut aussi voir à ce propos l'article sur la lettre volée dans le Dictionnaire de la Psychanalyse, sous la direction de R. Chemama, Larousse, 1998.

Autisme et littérature

A propos de « La distinction de l'autisme »[84]

Hervé BENTATA,
Psychanalyste, Paris

Ne soyez plus autiste, soyez distingué... C'est avec cette distinction que R. & R. Lefort (pas si simple comme distinction) récidivent à partir de monographies d'autistes ; non seulement avec la fameuse *Marie-Françoise,* bien connue au moins des psychanalystes d'enfants, mais aussi avec des analyses concernant des figures célèbres, surtout de la littérature et, distinguées donc, d'être supposées aussi autistes, mais façon *Asperger.*

De ce point de vue précis, R. et R. Lefort sont bien au centre de la nouvelle vague, celle en vogue actuellement : les autistes de haut niveau. Tout Paris ne bruisse-t-il pas, depuis quelque temps, certes un peu après New York, d'un « Connais-tu mon dernier autiste de haut niveau ? »

Marie-Françoise, dis-je, donc, mais aussi Poe, Dostoïevski, Lautréamont, Pascal, Proust et enfin le président : T. W. Wilson...

La Distinction des Lefort, un apport sur la structure autistique

Au jour d'aujourd'hui de la psychiatrie, qui est une période post-clinique, a-structurale avec le DSM4, R. et R. Lefort en viennent à préciser ce que pourrait être une structure autistique définie avec des repères lacaniens : très louable effort. Ainsi, au chapitre 3 de leur livre, ils tentent de séparer autisme, schizophrénie et psychose. «...interrogeons, disent-ils, la forclusion dans l'autisme ». Cette « forclusion peut ainsi concerner deux niveaux : la fonction forclusive de la *Bejahung* qui intéresse le jugement d'attribution, et secondairement, la *Verneinung,* le jugement d'existence, qui fait ouverture fondamentale pour le registre symbolique ». Avec la forclusion de la *Bejahung,* le sujet reste en face d'un signifiant qui ne *signifie* plus rien. Nous touchons alors l'être du réel avant toute sexuation, hors de toute signification phallique. C'est la forclusion concernée dans l'autisme, en deçà de toute ébauche de castration ; contrairement à Schreber qui devait y faire face en se faisant la femme de l'Autre, de Dieu. On voit donc que dans la psychose, la

[84] R. LEFORT, et R., *La distinction de l'autisme,* Seuil, Champ freudien, 2003, Paris, p. 183.

forclusion porterait sur la deuxième étape, celle de la *Verneinung*, celle du jugement d'existence.

Examinons maintenant la position de l'Autre et de l'objet dans la psychose et l'autisme, pour Rosine et Robert Lefort. Dans la psychose, l'Autre n'est pas affecté d'un manque en tant que signifiant, il est affecté d'un trou qui oriente alors le vecteur de la demande toujours dans le même sens, de l'Autre vers le Sujet, et mettant le psychotique en demeure de combler le trou de cet Autre pour le sauvegarder. Ainsi, la faille première dans la psychose concerne la « signifiantisation » du rapport à l'Autre et à l'objet. Mais pour réels qu'ils soient, nous disent Rosine et Robert Lefort, *ils n'en sont pas moins en jeu dans cet structure.* S'il y a bien absence de signifiant, le sujet psychotique n'en reste pas moins confronté à un Autre, même réel, et à la *médiatisation* de l'objet, même réel.

Dans l'autisme, et c'est là la différence fondamentale, il n'y a pas d'Autre, donc pas d'objet, puisque le sujet ne saurait en faire l'Autre le porteur et qu'aucun Autre ne sera la source de sa demande, et plus même, de sa pulsion. Un semblant de ces instances est présent, mais seulement pour un observateur extérieur. « L'absence d'objet produit par l'absence de division du sujet, nous disent-ils plus loin, fait que l'autiste colmate cette absence par la voie de son *double*, c'est-à-dire par la voie du même, sans *séparation,* puisqu'il manque au départ l'aliénation. Et si, à partir de là, toute sexuation est inenvisageable, peut-on parler de forclusion du Nom-du-Père? La réponse est oui, ce d'autant que le double peut faire fonction de suppléance pour l'autiste, suppléance d'ailleurs beaucoup plus efficace que celle que peut trouver le psychotique qu'une dépendance rive à son autre et à l'objet qu'il lui doit dans le réel.

Le dernier point de vue abordé dans cette différentiation, cette « distinction » de l'autisme, est celui de la **pulsion**. Dans la psychose, autant qu'il puisse y avoir pulsion à partir de l'objet réel, la jouissance en cause est celle de l'Autre à qui tout est dû pour sa sauvegarde.

Dans l'autisme, autant qu'il puisse y avoir jouissance, c'est de destruction qu'il s'agit ; en l'absence de tout objet, il ne reste plus que le jeu de la pulsion de mort, seule pulsion fondamentale qui sans l'image narcissique, exclut l'amour mais pas la jouissance ; *"dans la psychose, c'est l'Autre qui jouit ; dans l'autisme, c'est le sujet qui jouit dans la langue et la culture."*

A titre de bref commentaire, je dirai que la déclinaison de Rosine et Robert Lefort reprend de façon intéressante deux niveaux possibles de la forclusion, et décline à partir de là un Autre réel pour le psychotique et un Autre inexistant pour l'autiste. D'un point de vue théorique et en se souvenant par exemple de la formule de Lacan quand il parle de l'*invidia* qui fait passer le S_i au \$, il faudrait peut-être penser que la psychose avec son défaut de castration symbolique laisse l'Autre et l'objet à une dimension prévalente imaginaire tandis que, du coup, c'est dans l'autisme que cet Autre (qu'on ne peut plus guère alors écrire avec un A majuscule) serait réel. Ainsi le défaut majeur au niveau de la structure serait du registre symbolique pour la psychose (forclusion du Nom du Père). Alors que dans l'autisme, le défaut majeur est du registre imaginaire et donne lieu à un syndrome d'Asperger quand ce registre est seul défaillant, et à un autisme déficitaire quand cette défaillance imaginaire se redouble d'une défaillance symbolique.

Ainsi, à suivre ce que Lacan propose dans le Séminaire XI à partir de l'écriture mathématisée du fantasme comme dialectique pour la constitution du sujet, à savoir ce double mouvement du \$ vers le « a » comme phase d'aliénation et du « a » vers le \$ comme moment de la séparation, la psychose se situe d'une difficulté dans la réversion qui permettrait cette séparation. Alors que l'autisme est d'abord l'échec du processus d'aliénation, celui qui va du \$ vers le « a » et qui permet la prise dans le signifiant, la prise dans le Grand Autre. [La difficulté théorique est alors d'expliquer comment dans ce processus dialectique, il serait possible comme dans l'Asperger d'être défaillant uniquement sur la phase d'aliénation et non en même temps sur celle de séparation, puisque ces phénomènes sont apparemment présentés comme séquentiels. La réponse est peut-être que justement, et Lacan le dit bien, il ne s'agit pas de stades à distinguer dans le temps, mais de moments de la structure, de mouvements dissociables l'un de l'autre.]

Application aux plumes les plus distinguées : génie ou autisme ?

L'application appliquée que R. et R. Lefort font de la structure autistique ainsi distinguée à nos plus grands auteurs littéraires m'a laissé pour le moins dubitatif et dépité. J'ai malgré moi mal supporté, par exemple, la réduction Jivaro de Sir E. A. Poe en autiste, même de haut niveau. Le résultat tiré de cette application, à savoir que l'autisme facilite le génie littéraire, m'a paru bien dérisoire devant cette réduction qui aurait dû rester… tabou ; c'est un peu trop psychanalyse appliquée, celle que Lacan nous déconseillait. Insupportable qui m'a plus donné envie de me replonger dans les magnifiques textes de ces grands auteurs que de continuer une lecture de chapitres sous-titrés parfois de façon hallucinante

« *F. Dostoïevski, Pulsion de mort – comitialité - meurtre de la mère* » ou plus encore : « *Lautréamont, L'animalité*" ou enfin : "*Marcel Proust, Le style de l'autiste* »...

Malgré tout, l'avantage de cette fameuse marmite du diable où barbotent allègrement tous ensemble, notre chère Marie-Françoise mais aussi, outre les grands auteurs distingués ci-dessus, Temple Grandin, Donna Williams et Birger Sellin ; l'avantage de ce grand melting-pot, c'est d'y avoir vu bien de mes voisins psy, à défaut de m'y être vraiment retrouvé...

Je veux dire qu'à force, tout un chacun apparaît autiste un peu ; un peu à la façon des points noirs, - non, je me trompe, des trous noirs de la psyché de Tustin[85] : bonjour les noyaux autistiques...

Autismes: actualité des différentes recherches

Il reste enfin qu'ayant rencontré quelques sujets autistes ces trente dernières années (rencontré : eux, justement, pas toujours), je reste marqué par la grande diversité des formes autistiques, au point de poser la question de la possibilité de toutes les ramener à une seule et même formule, une même structure.

Quelle est donc l'actualité de l'autisme, est-ce de le distinguer ou est-ce celle des dernières recherches scientifiques? Connaissez-vous la dernière de l'Inserm, - pas l'avant dernière sur le désavantage des PIP [psychothérapie d'inspiration psychanalytique] par rapport aux TCC [thérapie cognitivo-comportementale], celle sur l'incapacité de la distinction de la voix humaine propre à l'autiste? Voici des extraits du compte-rendu qu'en donne le Dr E. Viel dans le Quotidien du Médecin d'août 2004:

« ... Un travail français (Hélène Gervais, Pascal Belin, Nathalie Boddaert, Marion Leboyer, Arnaud Coez, Ignacio Sfaello, Catherine Barthélémy, François Brunelle, Yves Samson et Monica Zilbovicius. « Nature Neuroscience », août 2004, pp. 801-802.) montre qu'il existe... une absence d'activation de l'aire spécifique de la perception de la voix. Les difficultés des autistes pourraient donc être liées à un déficit de la perception des stimuli sociaux.

« Les capacités à percevoir ces informations vocales jouent un rôle essentiel dans les interactions sociales. Au niveau du cerveau, la perception vocale implique, comme l'a montré l'IRM fonctionnelle, des

[85] F. TUSTIN (1986), *Le trou noir de la psyché*, Paris, Ed. du Seuil, 1989.

régions corticales spécifiques situées le long du sillon temporal supérieur, appelées les « aires de la voix ».

On sait que l'autisme se caractérise par des difficultés dans les interactions sociales. Or des études comportementales ont permis d'observer un déficit dans la perception de la voix humaine. D'où vient ce déficit de perception ? Afin d'en savoir plus, des chercheurs de l'équipe mixte Inserm-CEA « Imagerie cérébrale en psychiatrie » (service hospitalier Frédéric-Joliot) ont étudié par imagerie cérébrale fonctionnelle (IRMf) comment le cerveau des sujets autistes adultes perçoit la voix humaine par rapport à d'autres sons.

L'activité cérébrale de 5 adultes atteints d'autisme et de 8 volontaires sains a été enregistrée pendant qu'on leur faisait écouter des sons alternant la voix humaine (parole, cri, rire, pleur, chant) et d'autres types de sons non vocaux (animaux, cloches, instruments de musique, voiture, etc.).

Résultat : chez les autistes, on observe une absence d'activation de l'aire spécifique de la perception de la voix (aire de la voix) : chez ces patients, les aires cérébrales activées sont exactement les mêmes, qu'il s'agisse de la voix humaine ou de sons non vocaux. Aucune activation cérébrale spécifique d'une reconnaissance de la voix humaine n'a pu être mise en évidence. Par ailleurs, quand on leur demandait : « Qu'avez-vous entendu pendant l'examen », les autistes ne rapportaient que 8,5 % de sons vocaux contre 51,2 % pour les sujets témoins ; ce qui témoigne d'une faible capacité à reconnaître les voix humaines.

« Ces anomalies du traitement de la voix et des visages suggèrent que les difficultés des autistes à comprendre l'état émotionnel d'autrui et à interagir avec lui pourraient être liées à un déficit de la perception des stimuli sociaux. »

Ces résultats, poursuit l'Inserm, apportent de nouvelles perspectives pour comprendre les perturbations des interactions sociales dans l'autisme. La mise en évidence de ces déficits perceptifs pourrait permettre « *l'élaboration de stratégies de rééducation visant à induire un traitement spécifique des informations vocales et faciales, traitement qui semble ne pas s'être développé spontanément chez l'adulte* ». »

La conclusion sur les « stratégies de rééducation » spécialisées dont pourraient bénéficier nos chères têtes blondes autistes me ravit : je propose d'organiser un groupe de rééducation et de traitement spécifique avec les meilleurs d'entre eux (Marcel, Blaise, Edgar, Fédor et Isidore, par exemple)...

Trêve de plaisanterie, l'actualité de l'autisme, cela a été nos journées de PREAUT et de l'ALI des 16 et 17 octobre 2004 intitulées

« Autismes : actualité des différentes recherches ». Et cette distinction propre à la voix humaine, il en a été question autrement qu'en déficit, mais avec toute la recherche sur les pics prosodiques, le *mamanais* et la fameuse voix de la Sirène[86]...

Enfin, la réalité - qui a été érigée en principe par Freud, principe certes souvent battu en brèche par celui de plaisir - cette réalité de l'autisme en France, c'est aussi et tout autant le manque d'analystes praticiens prêts à prendre en cure des enfants autistes ; cette réalité, c'est enfin le manque si cruel de places d'accueil en institutions. C'est pourquoi, je vous prie, chère Rosine et cher Robert, de bien vouloir accepter mes autistes distingués, les meilleurs.

[86] cf. les travaux de MC Laznik sur les pics prosodiques, et le texte de H. Bentata, *« Schofar et sirènes, incarnation mythique et rituelle de la voix »* in: *"Quand la voix prend corps"* (éd. L'Harmattan) et de M. Ham, J.-M. Vives, paru dans Neuropsychiatrie de l'Enfance, *2004*, *« La place de la voix dans la naissance du sujet psychique, un exemple d'autisme infantile dans son rapport à l'exil de la voix maternelle »*.

TABLE DE MATIÈRES

Éditorial

Jean-Louis Sarradet *9*

Recherches et débats *11*

Autismes : actualité des différentes recherches

Abram Coen *13*

Syndromes autistiques : Jusqu'où aller dans la recherche d'une cause organique ?

D'aprés l'intervention d'Arnold Munnich *15*

Autisme de Kanner ou autisme de Scanner… IRM et autisme. A propos des recherches INSERM-CEA d'Orsay

Bernard Golse *19*

État actuel sur les recherches biologiques dans l'autisme

Sylvie Tordjman *33*

Recherche PREAUT : Evaluation d'un ensemble cohérent d'outils de repérage des troubles précoces de la communication pouvant présager un trouble grave du développement

Graciela C. Crespin *53*

Réflexions de psychothérapeutes de formation psychanalytique s'occupant de sujets avec autisme

Geneviève Haag *57*

D'un dialogue possible entre neurosciences et psychanalyse autour des traumatismes transgénérationnels repérés dans les psychoses infantiles

Jean Pierre Muyard *73*

Un travail épidémiologique est-il possible dans le champ psychanalytique ?

Jean Louis Sarradet *87*

Observations cliniques *89*

L'histoire de Vincent

Valérie André *91*

La prévention au quotidien : L'histoire de Julien

Graciela C. Crespin *101*

La petite Poucette ou le bébé qui ne pouvait pas grandir la tête en bas

Marie-Frédérique Guitton et Marie-José Durieux *107*

Le groupe bébé

Lydie Miller *115*

Laura et Maureen : Deux difficultés du regard rencontrées en crèche

Graciela C. Crespin *119*

Prise en charge psychanalytique parents-bébés *127*

Marine: Sidération et lumière, la voix dans le traitement d'un enfant de quinze mois

M. C. Laznick *129*

Oscar: Ange ou démon?

Françoise Verroust et Graciela C. Crespin..*147*

Autisme et littérature..*155*

A propos de « La distinction de l'autisme »

Hervé Bentata...*157*

PSYCHOLOGIE / PSYCHANALYSE / PSYCHIATRIE / HISTOIRES DE VIE

à l'Harmattan

L'ACTIVITÉ PSYCHIQUE. De la psychiatrie à une théorie de la connaissance
MARCHAIS Pierre
L'activité spécifique de l'homme est de pouvoir penser. Mais qu'est-ce que penser? Penser, c'est cette activité de l'esprit qui crée des formes et des liens, et qui fonde ainsi les connaissances. Quels sont ces formes et ces liens? Comment le sujet organise-t-il le milieu dans lequel il se trouve? Par quelles opérations donne-t-il un sens aux choses? Voilà ce qu'expose le nouvel ouvrage du Dr. Pierre Marchais, qui s'appuie sur les données de la psychiatrie en les comparant à celles des autres disciplines.
(Coll. Psychanalyse et civilisations, 27 €, 304 p) *ISBN 2-7475-5074-5*

ADDICTION. Ce monde oublié
DUBOIS Thierry
Pendant huit années l'auteur a pris en charge, dans un cadre de Médecine Générale et également en cure analytique, un certain nombre d'addictifs-toximanes aux drogues dures et à l'alcool. Le fruit de ces expériences et de ces accompagnements a permis d'approcher et clarifier de nombreux modes de fonctionnements et d'éléments structurels chez ces patients qui, dans la majorité des cas, auront réussi à sortir vers un Extérieur d'eux-mêmes et se re-socialiser. Il existerait pour ce praticien une nécessité à reconsidérer l'addictif-toxicomane tout comme la notion d'Addiction.
(Coll. Psychanalyse et civilisations, 14.50 €, 159 p) *ISBN 2-7475-6818-0*

L'AMOUR ET HOMMAGE À ALBERT CAMUS
PORTNOY LANZENBERG Sylvie
Ce qui rend notre condition absurde, ce n'est pas tant la mort individuelle face à laquelle on ne peut rien ; c'est la malfaisance humaine qui met à l'agonie notre être relationnel libre de l'ego en l'emprisonnant dans des rapports de domination et de possession. Ce qui rend la vie humaine insensée, c'est notre imaginaire toute-puissance qui met à mort l'espoir et le réconfort du relationnel atemporel présent dans l'amour sachant échapper aux rapports de pouvoir.
(17.50 €, 93 p) *ISBN 2-7475-6208-5*

ANTHROPOLOGIE DES RELAXATIONS
Des méthodes modernes de loisirs, de soin et de gestion personnelle ?
HEAS Stéphane. Préface de Eliane PERRIN
Les méthodes psychocorporelles sont foison. Elles semblent se multiplier depuis quelques années en Europe. Les héritages occidentaux mais aussi orientaux des méthodes de relaxation et autre techniques de détente sont trop souvent sous estimés. Les analyses sociologiques et anthropologiques développées précisent à la fois les ressorts intimes agissant dans les séances de relaxation, mais aussi leurs dynamiques sociales et plus précisément professionnelles à l'interstice des milieux médicaux, éducatifs, ludiques, etc.
(Coll. Mouvement des Savoirs, 34 €, 426 p) *ISBN 2-7475-6823-7*

ASPECTS CLINIQUES ET PRATIQUES DE LA PRÉVENTION DE L'AUTISME

CAHIERS DE PREAUT *sous la direction de Graciela C. CRESPIN*

Ce premier numéro des cahiers de PREAUT ouvre une série de publications avant tout destinées aux professionnels de la prévention, de l'accueil et du soin des enfants autistes, ainsi qu'aux accompagnants de leurs familles. Les différentes interventions de ce numéro abordent les questions posées par l'autisme sur les plans clinique, thérapeutique, institutionnel et social, sans oublier de donner la parole aux familles sur les difficultés qu'elles rencontrent, afin d'ouvrir le débat et la concertation entre parents, professionnels et décideurs.

(Coll. Psychanalyse, médecin et société, 14.50 €, 163 p) *ISBN 2-7475-6074-0*

AUTOPSIE D'UN FANTÔME

DINTRICH Carmen

La théorie du fantôme de Nicolas Abraham postule qu'un traumatisme peut passer, sans jamais être formulé, de l'inconscient d'un parent à celui de son enfant. Pourquoi Victor est-il traversé par l'idée d'étrangler sa femme que pourtant il adore ? Pourquoi Juliette collectionne-t-elle les pianos ? Cet ouvrage tient à la fois du roman autobiographique et de l'enquête psychanalytique. A travers divers cas dont le sien, l'auteur illustre une fascinante théorie qui pourrait modifier profondément la manière de comprendre notre comportement.

(Coll. Psychanalyse et civilisations, 12.50 €, 132 p) *ISBN 2-7475-6850-4*

BIBLIOGRAPHIE DES ÉTUDES GIRARDIENNES
en France et en Italie

CASINI Federica

Voilà le premier ouvrage bibliographique dédié à l'oeuvre du penseur français et aux études consacrées à la théorie mimétique, ou qui s'en inspirent, publiées en France, en Italie et dans les pays francophones pendant ces quatre décennies. Il s'agit d'un outil pratique et exhaustif pour s'orienter dans ce vaste débat pluridisciplinaire, indispensable à tout chercheur en sciences humaines et à tout lecteur soucieux de s'informer sur un des plus riches paradigmes de la recherche actuelle.

(Coll. Crise et anthropologie de la relation, 17.50 €, 205 p) ISBN 2-7475-5977-7

DE CHAIR ET DE SENS
À la reconquête d'une parole mutilée

GERARD JEAN-JACQUES, BERGIER BERTRAND

Enfant des cités d'urgence, enfant victime de la maltraitance familiale, bagarreur, complice d'un hold-up à 14 ans, Jean-Jacques Gérard devient cadre commercial. Marié, deux enfants, il se retrouve en faillite tant d'un point de vue familial que professionnel. Son fils meurt , victime d'un double crime, violé puis tué. Prenant le contre-pied de la désespérance et de la haine, Jean-Jacques Gérard devient psychothérapeute et se spécialise en victimologie. Bertrand Bergier est ici un universitaire qui s'efface pour laisser place au témoignage recueilli et nous donner une parole de chair et de sens.

(Coll. AU-DELA DU TEMOIGNAGE, 11 €, 100 p) *ISBN 2-7475-5940-8*

LES CHEMINS DE LA LIBIDO
EMELINA Jean
Aujourd'hui le sexe est partout : dans nos rues, sur nos pages, sur nos écrans ; partout, un marché florissant, une prostitution en expansion, de l'érotisme de plus en plus "hot", du "X" de plus en plus "hard". C'est le fait de société le plus spectaculaire depuis la fin du XXe siècle. Pourquoi ce déferlement ? Comment se fait-il que la brève, l'épisodique, la pudique fonction de reproduction, coupée de ses fins, ait acquis en un demi-siècle cette publicité, cette hégémonie ?
(Coll. Sexualité humaine, 23 €, 259 p) *ISBN 2-7475-6481-9*

CONTRIBUTION À L'ÉTUDE DES ACCIDENTS MENTAUX CHEZ LES HYSTÉRIQUES (1893)
JANET Pierre
Introduction de Serge NICOLAS
Cet ouvrage est la thèse de médecine sur l'hystérie soutenue en 1893 par Pierre Janet. Pour lui, l'hystérie est une maladie mentale caractérisée par des symptômes moraux ; le principal est un affaiblissement de la faculté de synthèse psychologique avec rétrécissement du champ de la conscience. L'hystérie est ainsi une forme de désagrégation mentale caractérisée par la tendance au dédoublement permanent de la personnalité, une idée que Freud et Breuer défendait la même année (1893).
(27 €, 300 p) *ISBN 2-7475-7381-8*

LE CORPS ET LA PEINE DES HOMMES
BENOIT Pierre,
préface de Jean PERROY
Tout au long de sa vie d'homme, de médecin, de psychanalyste, Pierre BENOIT (1916-2001) n' a cessé de se laisser interroger par la question de la souffrance. Reconnaître l'humain dans sa spécificité, au cœur même des processus en jeu dans le corps de celui qui souffre, comme à toutes les étapes du processus de l'hominisation et de l'humanisation, tel a été son projet. Observant que "la peine des hommes" n'est jamais dissociée des réalités langagières à l'œuvre au sein même du corps, il fut conduit à privilégier ce qui jamais ne manque dans les relations humaines : les effets de transfert.
(Coll. Psychanalyse et civilisations, 38 €, 490 p) *ISBN 2-7475-6904-7*

LA CRISE DE LA PSYCHOLOGIE À L'UNIVERSITÉ EN FRANCE
1. Origine et déterminisme
JALLEY Emile
Il existe aujourd'hui un contraste entre la vitalité expansive de la psychologie en dehors de l'université et sa situation critique à l'intérieur de l'université. A propos de cette "crise de la psychologie à l'université", deux ouvrages répondent au même titre mais avec des angles différents. Dans ce premier volume, on s'interroge sur le réseau des toutes premières raisons historiques d'une telle crise dès 1945 puis 1968, jusqu'en 1990.
(Coll. Questions contemporaines, 39 €, 530 p) *ISBN 2-7475-6400-2*

LA CRISE DE LA PSYCHOLOGIE À L'UNIVERSITÉ EN FRANCE
2. Etat des lieux depuis 1990
JALLEY Emile
Il existe aujourd'hui un contraste entre la vitalité expansive de la psychologie en dehors de l'université. La formation universitaire des psychologues fonctionne aujourd'hui dans une institution de structure "dissymétrique", construite au détriment durable de la psychologie clinique, et largement inadaptée aux besoins réels de la demande sociale. Dans ce second volume, on étudie les mécanismes actuels de la crise de la "Psychologie à l'université" depuis les années 1990.
(Coll. Questions contemporaines, 39 €, 514 p) *ISBN 2-7475-6401-0*

LE DÉCLIN DU MODÈLE OEDIPIEN
RUBIN Gabrielle
Nos systèmes sociaux, religieux et familiaux sont organisés suivant un modèle oedipien, c'est-à-dire hiérarchique et vertical : au pinacle, Dieu le Père règne sur l'Univers. Un cran plus bas se tient le roi (le Pape, l'empereur), qui régente la nation et enfin le père. Cette organisation semble disparaître au profit d'un modèle fraternel-horizontal car, la marche de la société se calque sur celle de l'enfant : pour elle aussi, il y a eu une Déesse mère à l'aube de l'histoire, remplacée ensuite par Dieu le Père. Verrons-nous le modèle d'identification des enfants ne plus être le père mais l'assemblée des frères ?
(Coll. Etudes psychanalytiques, 14.50 €, 158 p) *ISBN 2-7475-6984-5*

LA DÉPRESSION
Approche cognitive et comportementale
KLEFTARAS Georges
Le but de ce livre est de donner au lecteur d'une part une vision claire et complète de la dépression aussi bien en ce qui concerne les symptômes, qu'en ce qui concerne l'épidémiologie et la classification, d'autre part, une revue critique et surtout une valorisation des théories contemporaines qui essaient de comprendre et d'expliquer ce trouble.
(Coll. Psychologiques, 21.50 €, 255 p) *ISBN 2-7475-6230-1*

DEVENIR DES PROCESSUS PUBERTAIRES
Dans les cures de jeunes adultes
DE CHAUVELIN Christine
A partir de cures d'adolescents et de jeunes adultes, l'auteur met en lumière la fulgurance des processus pubertaires, souvent restés inachevés. Par leur courage et leur endurance ces jeunes analysants retravailleront les processus bloqués pour accéder enfin à la subjectivité. Reprendre le travail d'adolescence semble indispensable et très fructueux pour l'avancée, puis le dénouement de la cure psychanalytique.
(Coll. Psychologiques, 16 €, 174 p) *ISBN 2-7475-6217-4*

629891 - Novembre 2015
Achevé d'imprimer par

1livre.com
du rêve à la réalité !